MECKLENBURG-
VORPOMMERN

Schwerin

BERLIN
Berlin

Potsdam

gdeburg

BRANDENBURG

ACHSEN-
NHALT

SACHSEN

Dresden

N

KINDER
Autokennzeichen
LEXIKON

Der große Spiel- und Wissensspaß
für unterwegs

Bertelsmann !
JUNIOR

Projektleitung: Michaela Raßloff
Autorin: Ingrid Peia
Redaktion: Eva Abraham, Ingrid Peia, Michaela Raßloff
Illustrationen: Petra Dorkenwald und Isabelle Dinter/München
Bildredaktion: Sonja Rudowicz
Redaktion Karten: Dr. Matthias Herkt, Hendrik Wittemeier
Layout: Verena Wübbe, Zweiender/Bielefeld
Satz: Dirk Bischoff, Jo Pelle Küker-Bünermann, Matheus Vilela,
Jonas van Westen, Nadine Wulert
Einbandgestaltung: Faktor Zwo/Bielefeld
Herstellung: Marcel Hellmund
Druck und Bindung: Himmer AG/Augsburg

Die in diesem Buch gewählten Schreibweisen folgen dem
Werk »WAHRIG – Die deutsche Rechtschreibung« sowie den
Empfehlungen der WAHRIG-Redaktion.
Weitere Informationen unter www.wahrig.de.

www.wissenmedia.de

Inhalt

Abkürzungen

Bundesl.	Bundesland
a. d.	an der
i. d.	in der

A

Stadt und Landkreis: **Augsburg**
Einwohner: **503 600**
Bundesland: **Bayern**

AA

Landkreis: **Ostalbkreis**
Einwohner: **313 500**
Kreisstadt: **Aalen**
Bundesland: **Baden-Württemberg**

AB

Stadt und Landkreis: **Aschaffenburg**
Einwohner: **242 400**
Bundesland: **Bayern**

ABG

Landkreis: **Altenburger Land**
Einwohner: **101 700**
Kreisstadt: **Altenburg**
Bundesland: **Thüringen**

Thüringen

Baden-Württemberg

Bayern

Woher kommen Urmel und Jim Knopf?

Die beiden sind in Augsburg zuhause. Urmel ist eine Art Dinosaurier und Jim Knopf ein Waisenjunge. Gemeinsam mit Lukas, dem Lokomotivführer, und Kater Mikesch sind sie Teil der berühmten Augsburger Puppenkiste. Dieses Marionettentheater gibt es schon seit über 60 Jahren. Anfangs spielte ihr Erfinder Walter Oehmichen noch in einem alten Türrahmen. Inzwischen sind Jim Knopf und seine Freunde echte Stars, denn sie hatten schon über 700 Fernsehauftritte!

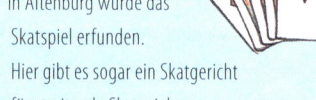

In Altenburg wurde das Skatspiel erfunden. Hier gibt es sogar ein Skatgericht für streitende Skatspieler.

Aachen ist die deutsche Großstadt, die am weitesten im Westen liegt. Der mächtige Aachener Dom ist ihr Wahrzeichen.

Aachener Printen sind flache Lebkuchen, die mit Zuckerrübensirup hergestellt werden.

ABI

Landkreis: **Anhalt-Bitterfeld**
Einwohner: **182 000**
Kreisstadt: **Köthen (Anhalt)**
Bundesland: **Sachsen-Anhalt**

AC

Städteregion: **Aachen**
Einwohner: **568 500**
Bundesland: **Nordrhein-Westfalen**

AIC

Landkreis: **Aichach-Friedberg**
Einwohner: **127 700**
Kreisstadt: **Aichach**
Bundesland: **Bayern**

AK

Landkreis: **Altenkirchen**
Einwohner: **133 700**
Kreisstadt: **Altenkirchen**
Bundesland: **Rheinland-Pfalz**

Sachsen-Anhalt

Nordrhein-Westfalen

Rheinland-Pfalz

Bayern

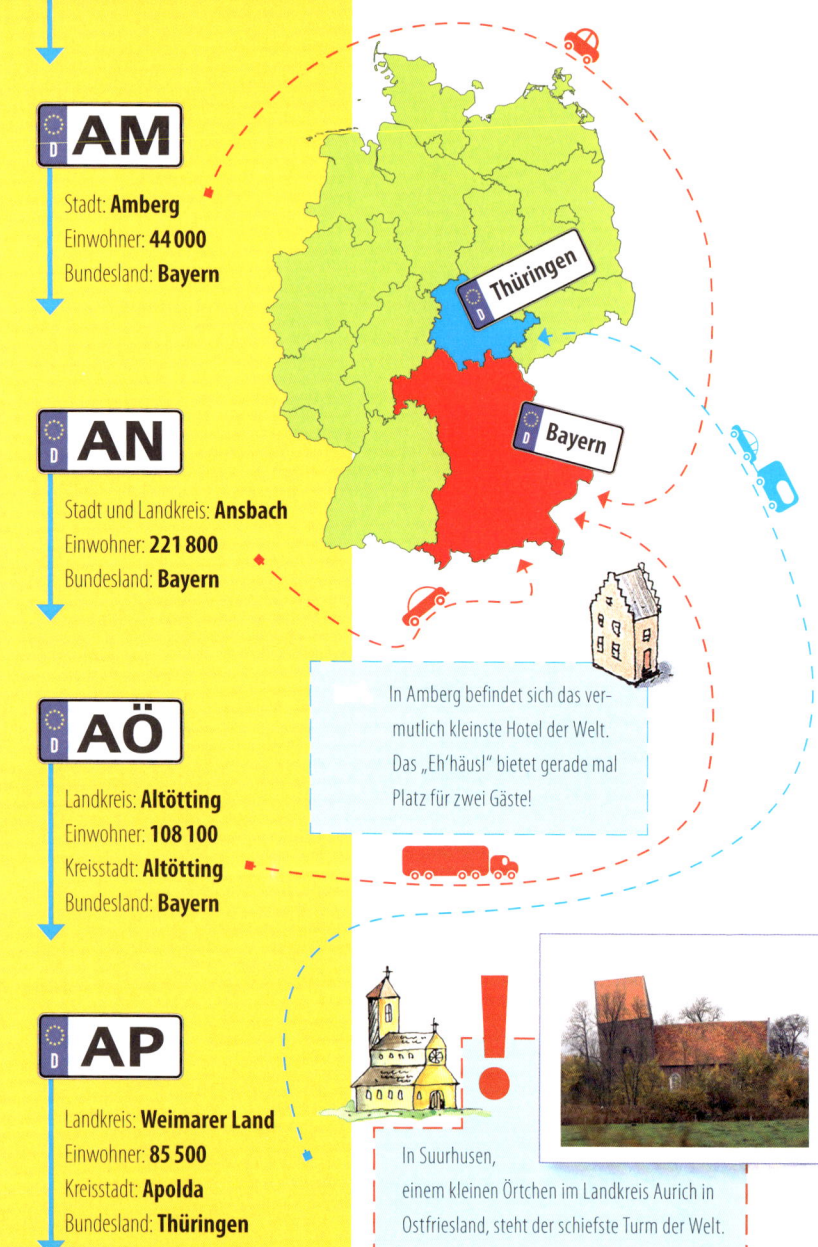

AM

Stadt: **Amberg**
Einwohner: **44 000**
Bundesland: **Bayern**

AN

Stadt und Landkreis: **Ansbach**
Einwohner: **221 800**
Bundesland: **Bayern**

AÖ

Landkreis: **Altötting**
Einwohner: **108 100**
Kreisstadt: **Altötting**
Bundesland: **Bayern**

AP

Landkreis: **Weimarer Land**
Einwohner: **85 500**
Kreisstadt: **Apolda**
Bundesland: **Thüringen**

Thüringen

Bayern

In Amberg befindet sich das vermutlich kleinste Hotel der Welt. Das „Eh'häusl" bietet gerade mal Platz für zwei Gäste!

In Suurhusen, einem kleinen Örtchen im Landkreis Aurich in Ostfriesland, steht der schiefste Turm der Welt.

Wo drehen Rennautos ihre Kreise?

Die Rennautos rasen über den Nürburgring. Diese bekannte Rennstrecke befindet sich in der Eifel, im Landkreis Ahrweiler. Wegen seiner vielen Kurven galt der Nürburgring jahrzehntelang als einer der schwierigsten Grand-Prix-Kurse der Welt. Nach zahlreichen schweren Unfällen entschlossen sich die Betreiber, die Strecke umzubauen und zu entschärfen. Heute besteht der Nürburgring aus zwei Rennstrecken: der alten Nordschleife, auch „grüne Hölle" genannt, und einer modernen Grand-Prix-Strecke.

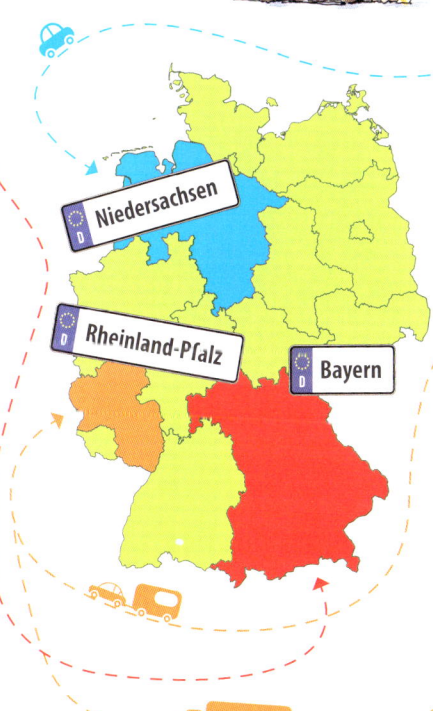

Landkreis: **Amberg-Sulzbach**
Einwohner: **106 200**
Kreisstadt: **Amberg**
Bundesland: **Bayern**

Landkreis: **Aurich**
Einwohner: **189 300**
Kreisstadt: **Aurich**
Bundesland: **Niedersachsen**

Landkreis: **Ahrweiler**
Einwohner: **128 500**
Kreisstadt: **Bad Neuenahr-Ahrweiler**
Bundesland: **Rheinland-Pfalz**

Landkreis: **Alzey-Worms**
Einwohner: **125 200**
Kreisstadt: **Alzey**
Bundesland: **Rheinland-Pfalz**

B

Stadt: **Berlin**
Einwohner: **3 429 500**
Bundesland: **Berlin**

BA

Stadt und Landkreis: **Bamberg**
Einwohner: **214 800**
Bundesland: **Bayern**

BAD

Stadt: **Baden-Baden**
Einwohner: **54 600**
Bundesland: **Baden-Württemberg**

BAR

Landkreis: **Barnim**
Einwohner: **177 600**
Kreisstadt: **Eberswalde**
Bundesland: **Brandenburg**

Wie kann man Berlin von oben erleben?

Wenn du Berlin einmal von oben bewundern möchtest, kannst du mit einem superschnellen Aufzug hinauf in die gläserne Kugel des Berliner Fernsehturms sausen. Mit 368 Metern ist er Berlins höchstes Gebäude. Von hier oben hast du eine tolle Aussicht auf die Stadt und ihre Sehenswürdigkeiten. Du siehst zum Beispiel die „Goldelse", so nennen die Berliner die Siegessäule. Auch ein anderes hohes Wahrzeichen der Stadt kannst du nicht übersehen, den Funkturm.

Berlin

Brandenburg

Baden-Württemberg

Bayern

Auf der Spitze der Berliner Siegessäule thront eine goldene Statue der Siegesgöttin Victoria.

In Niederfinow im Landkreis Barnim steht das älteste Schiffshebe-werk Deutschlands. Das ist ein Riesenfahrstuhl für Schiffe. Ein großer Trog hilft ihnen, 36 m Höhenunter-schied zu überwinden.

Nordrhein-Westfalen

Bayern

Baden-Württemberg

BB

Landkreis: **Böblingen**
Einwohner: **372 200**
Kreisstadt: **Böblingen**
Bundesland: **Baden-Württemberg**

BC

Landkreis: **Biberach**
Einwohner: **189 300**
Kreisstadt: **Biberach**
Bundesland: **Baden-Württemberg**

BGL

Landkreis: **Berchtesgadener Land**
Einwohner: **102 600**
Kreisstadt: **Bad Reichenhall**
Bundesland: **Bayern**

BI

Stadt: **Bielefeld**
Einwohner: **323 600**
Bundesland: **Nordrhein-Westfalen**

Der Röthbachfall im Berchtesgadener Land ist mit 470 m Höhe vermut-lich der höchste Wasserfall Deutschlands.

BIR

Landkreis: **Birkenfeld**
Einwohner: **85 200**
Kreisstadt: **Birkenfeld**
Bundesland: **Rheinland-Pfalz**

Christstollen wurden schon im 14. Jahrhundert gebacken. In Naumburg sollen sie zum ersten Mal urkundlich erwähnt worden sein.

BIT

Landkreis: **Bitburg-Prüm**
Einwohner: **94 800**
Kreisstadt: **Bitburg**
Bundesland: **Rheinland-Pfalz**

Sachsen-Anhalt

Rheinland-Pfalz

Baden-Württemberg

BK

Landkreis: **Börde**
Einwohner: **182 800**
Kreisstadt: **Haldensleben**
Bundesland: **Sachsen-Anhalt**

BL

Landkreis: **Zollernalbkreis**
Einwohner: **190 300**
Kreisstadt: **Balingen**
Bundesland: **Baden-Württemberg**

Die etwa 3600 Jahre alte Himmelsscheibe von Nebra im Burgenlandkreis gilt als die weltweit älteste Darstellung des Himmels.

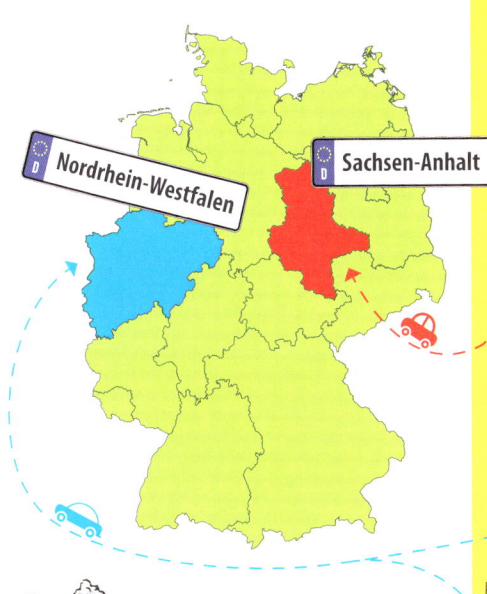

Landkreis: **Burgenlandkreis**
Einwohner: **199 100**
Kreisstadt: **Naumburg (Saale)**
Bundesland: **Sachsen-Anhalt**

Landkreis: **Rhein-Erft-Kreis**
Einwohner: **464 000**
Kreisstadt: **Bergheim**
Bundesland: **Nordrhein-Westfalen**

Kommt die Kohle noch aus dem Pott?

Das Ruhrgebiet wird häufig auch Kohlenpott oder einfach nur Pott genannt, weil hier früher viel Stahl gekocht und Kohle gefördert wurde. Doch die Zeit der feuerspeienden Hochöfen ist längst vorbei. Kaum eine Region hat sich in den letzten Jahrzehnten so gewandelt wie das Ruhrgebiet. Im Bergbaumuseum in Bochum erfährst du, wie die Bergleute früher gearbeitet haben. Höhepunkt des Besuchs ist eine „Grubenfahrt" in das Anschauungsbergwerk etwa 20 Meter tief unter dem Museum.

Der berühmte Komponist Ludwig van Beethoven wurde 1770 in Bonn geboren. Als Achtjähriger gab er sein erstes Konzert.

Stadt: **Bonn**
Einwohner: **317 900**
Bundesland: **Nordrhein-Westfalen**

Stadt: **Bochum**
Einwohner: **378 600**
Bundesland: **Nordrhein-Westfalen**

B

BOR

Landkreis: **Borken**
Einwohner: **370 300**
Kreisstadt: **Borken**
Bundesland: **Nordrhein-Westfalen**

Die Atomuhr der Physikalisch-Technischen Bundesanstalt (PTB) in Braunschweig gilt als die genaueste Uhr der Welt.

BOT

Stadt: **Bottrop**
Einwohner: **117 700**
Bundesland: **Nordrhein-Westfalen**

Das Zwillbrocker Venn ist ein Naturschutzgebiet in der Nähe von Vreden im Landkreis Borken. Hier kannst du brütende Flamingos beobachten.

Niedersachsen

Brandenburg

BRA

Landkreis: **Wesermarsch**
Einwohner: **91 900**
Kreisstadt: **Brake**
Bundesland: **Niedersachsen**

Nordrhein-Westfalen

BRB

Stadt: **Brandenburg a. d. Havel**
Einwohner: **72 500**
Bundesland: **Brandenburg**

In der Lausitz bei Bautzen sind die Ortsschilder zweisprachig, denn hier leben viele Sorben. Die Sorben sind ein kleines slawisches Volk.

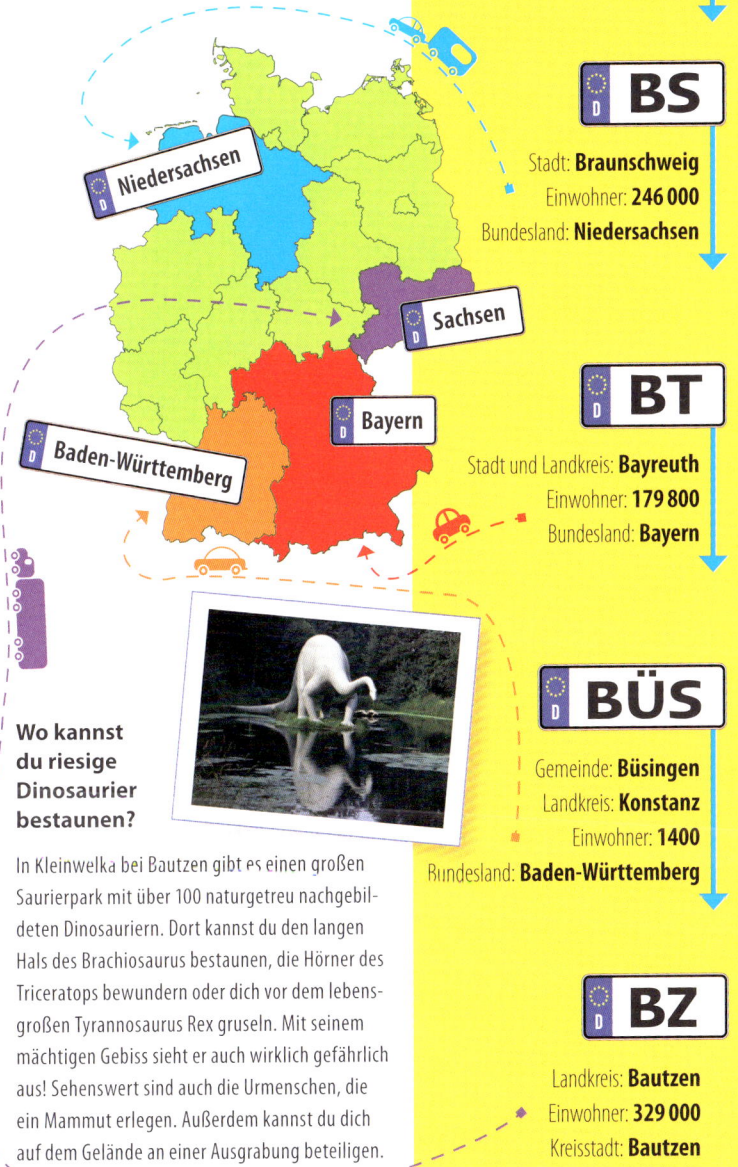

Niedersachsen

Sachsen

Bayern

Baden-Württemberg

B

BS

Stadt: **Braunschweig**
Einwohner: **246 000**
Bundesland: **Niedersachsen**

BT

Stadt und Landkreis: **Bayreuth**
Einwohner: **179 800**
Bundesland: **Bayern**

BÜS

Gemeinde: **Büsingen**
Landkreis: **Konstanz**
Einwohner: **1400**
Bundesland: **Baden-Württemberg**

Wo kannst du riesige Dinosaurier bestaunen?

In Kleinwelka bei Bautzen gibt es einen großen Saurierpark mit über 100 naturgetreu nachgebildeten Dinosauriern. Dort kannst du den langen Hals des Brachiosaurus bestaunen, die Hörner des Triceratops bewundern oder dich vor dem lebensgroßen Tyrannosaurus Rex gruseln. Mit seinem mächtigen Gebiss sieht er auch wirklich gefährlich aus! Sehenswert sind auch die Urmenschen, die ein Mammut erlegen. Außerdem kannst du dich auf dem Gelände an einer Ausgrabung beteiligen.

BZ

Landkreis: **Bautzen**
Einwohner: **329 000**
Kreisstadt: **Bautzen**
Bundesland: **Sachsen**

C

Stadt: **Chemnitz**
Einwohner: **243 800**
Bundesland: **Sachsen**

Nirgendwo in Deutschland werden so viele Kinder geboren wie in der niedersächsischen Stadt Cloppenburg.

CB

Stadt: **Cottbus**
Einwohner: **101 700**
Bundesland: **Brandenburg**

Die leckere Coburger Bratwurst wird über Kiefernzapfenglut gebraten. Das verleiht ihr den unverwechselbaren Geschmack.

CE

Landkreis: **Celle**
Einwohner: **180 100**
Kreisstadt: **Celle**
Bundesland: **Niedersachsen**

Niedersachsen

Brandenburg

Sachsen

Bayern

CHA

Landkreis: **Cham**
Einwohner: **129 100**
Kreisstadt: **Cham**
Bundesland: **Bayern**

Der Fluss Regen umschließt in einem Bogen die Chamer Altstadt: Darum ist Cham die „Stadt am Regenbogen".

Niedersachsen

Nordrhein-Westfalen

Rheinland-Pfalz

Bayern

CLP

Landkreis: **Cloppenburg**
Einwohner: **157 200**
Kreisstadt: **Cloppenburg**
Bundesland: **Niedersachsen**

CO

Stadt und Landkreis: **Coburg**
Einwohner: **130 800**
Bundesland: **Bayern**

In welcher Gegend gibt es die letzten Wildpferde?

Die Dülmener Wildpferde im Landkreis Coesfeld sind die letzten in Deutschland vorkommenden Wildpferde. Die Pferde leben im Merfelder Bruch, einem rund 200 Hektar großen Moor-, Heide- und Waldgebiet. Einmal im Jahr, immer am letzten Samstag im Mai, werden die einjährigen Hengste eingefangen. Junge Männer in Jeans und blauen Hemden nehmen die bockenden Pferde in den Schwitzkasten und ringen die Tiere zu Boden. Das sieht ziemlich wild aus – ein Riesenspektakel für die zahlreichen Zuschauer aus dem In- und Ausland!

COC

Landkreis: **Cochem-Zell**
Einwohner: **64 400**
Kreisstadt: **Cochem**
Bundesland: **Rheinland-Pfalz**

COE

Landkreis: **Coesfeld**
Einwohner: **221 000**
Kreisstadt: **Coesfeld**
Bundesland: **Nordrhein-Westfalen**

C

CUX

Landkreis: **Cuxhaven**
Einwohner: **202 100**
Kreisstadt: **Cuxhaven**
Bundesland: **Niedersachsen**

Das Wahrzeichen der Stadt Cuxhaven ist die hölzerne „Kugelbake". Sie markiert den Punkt, an dem die Elbe in das Meer mündet.

CW

Stadt und Landkreis: **Calw**
Einwohner: **158 700**
Bundesland: **Baden-Württemberg**

Niedersachsen

Nordrhein-Westfalen

Hessen

Baden-Württemberg

D

Stadt: **Düsseldorf**
Einwohner: **584 200**
Bundesland: **Nordrhein-Westfalen**

Wo kannst du eine Zeitreise unternehmen?

Hast du schon einmal Urpferdchen gesehen? In der Grube Messel bei Darmstadt wurden Fossilien von Insekten, Fischen, Reptilien und vielen anderen Tieren gefunden. Hier kannst du ganz einfach eine Zeitreise in eine Welt vor fast 50 Millionen Jahren unternehmen. Im Rahmen eines geführten Spazierganges kannst du viele Fossilien sogar von nahem betrachten. Nur feste Schuhe und ein Sonnen- oder Regenschutz sind notwendig und schon kann es losgehen!

DA

Stadt: **Darmstadt**
Landkreis: **Darmstadt-Dieburg**
Einwohner: **431 000**
Bundesland: **Hessen**

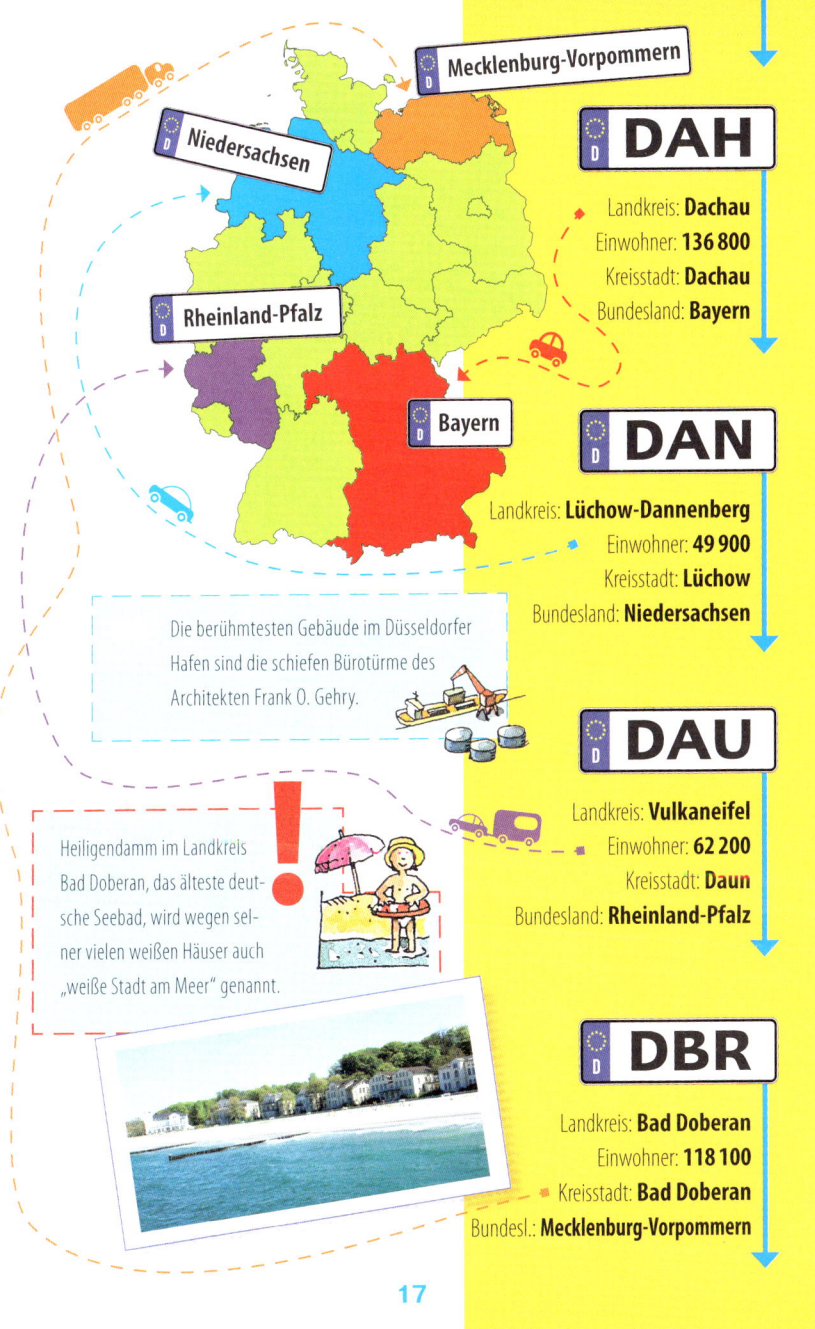

Mecklenburg-Vorpommern

Niedersachsen

Rheinland-Pfalz

Bayern

DAH

Landkreis: **Dachau**
Einwohner: **136 800**
Kreisstadt: **Dachau**
Bundesland: **Bayern**

Die berühmtesten Gebäude im Düsseldorfer Hafen sind die schiefen Bürotürme des Architekten Frank O. Gehry.

DAN

Landkreis: **Lüchow-Dannenberg**
Einwohner: **49 900**
Kreisstadt: **Lüchow**
Bundesland: **Niedersachsen**

Heiligendamm im Landkreis Bad Doberan, das älteste deutsche Seebad, wird wegen seiner vielen weißen Häuser auch „weiße Stadt am Meer" genannt.

DAU

Landkreis: **Vulkaneifel**
Einwohner: **62 200**
Kreisstadt: **Daun**
Bundesland: **Rheinland-Pfalz**

DBR

Landkreis: **Bad Doberan**
Einwohner: **118 100**
Kreisstadt: **Bad Doberan**
Bundesl.: **Mecklenburg-Vorpommern**

D

DD

Stadt: **Dresden**
Einwohner: **512 200**
Bundesland: **Sachsen**

DE

Stadt: **Dessau-Roßlau**
Einwohner: **88 700**
Bundesland: **Sachsen-Anhalt**

DEG

Landkreis: **Deggendorf**
Einwohner: **117 200**
Kreisstadt: **Deggendorf**
Bundesland: **Bayern**

DEL

Stadt: **Delmenhorst**
Einwohner: **74 700**
Bundesland: **Niedersachsen**

Welche berühmte Kirche wurde wieder aufgebaut?

Im Februar 1945 stürzte die Frauenkirche nach dem Bombenangriff auf Dresden ausgebrannt in sich zusammen. Übrig blieb nur ein riesiger Trümmerhaufen. Die DDR ließ die Ruine als Mahnmal gegen Krieg

und Gewalt stehen. Nach der deutschen Wiedervereinigung wurde die Dresdner Frauenkirche dann aus alten und neuen Steinen wieder aufgebaut. Im Oktober 2005 haben viele tausend Menschen aus ganz Deutschland in Dresden die Eröffnung der Frauenkirche gefeiert.

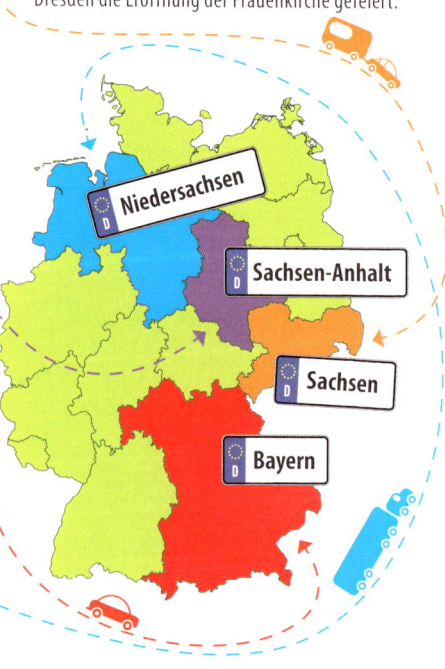

Niedersachsen

Sachsen-Anhalt

Sachsen

Bayern

Ein Dresdner Apotheker füllte 1907 erstmals in Deutschland eine selbst entwickelte Zahnpasta in eine Tube.

Mecklenburg-Vorpommern

Niedersachsen

Bayern

In den 1920er Jahren wurde im Bauhaus in Dessau ein neuer Stil erfunden. Die klaren Formen sind immer noch aktuell.

Im Tierpark Ströhen im Landkreis Diepholz befindet sich das größte Gestüt für Vollblutaraber in Europa.

DGF

Landkreis: **Dingolfing-Landau**
Einwohner: **91 100**
Kreisstadt: **Dingolfing**
Bundesland: **Bayern**

DH

Landkreis: **Diepholz**
Einwohner: **214 300**
Kreisstadt: **Diepholz**
Bundesland: **Niedersachsen**

DLG

Landkreis: **Dillingen a. d. Donau**
Einwohner: **94 300**
Kreisstadt: **Dillingen a. d. Donau**
Bundesland: **Bayern**

DM

Landkreis: **Demmin**
Einwohner: **81 800**
Kreisstadt: **Demmin**
Bundesl.: **Mecklenburg-Vorpommern**

D

DN

D | **DN**

Landkreis: **Düren**
Einwohner: **269 600**
Kreisstadt: **Düren**
Bundesland: **Nordrhein-Westfalen**

Wo steht das größte Fußballstadion Deutschlands?

Es ist eines der be-
kanntesten Gebäude
in Dortmund: der
Signal Iduna Park. Bis
2005 hieß die Arena
Westfalenstadion. Mit

über 80.000 Zuschauerplätzen ist der Signal Iduna Park
das größte Fußballstadion Deutschlands. Das Stadion
ist bei fast jedem Heimspiel von Borussia Dortmund
ausverkauft. Dann herrscht eine atemberaubende
Stimmung auf den Rängen. Die Fans verwandeln das
ganze Stadion in ein schwarz-gelbes Fahnenmeer.

DO

D | **DO**

Stad: **Dortmund**
Einwohner: **584 400**
Bundesland: **Nordrhein-Westfalen**

DON

D | **DON**

Landkreis: **Donau-Ries**
Einwohner: **129 500**
Kreisstadt: **Donauwörth**
Bundesland: **Bayern**

D | Nordrhein-Westfalen

D | **Bayern**

DU

D | **DU**

Stad: **Duisburg**
Einwohner: **494 000**
Bundesland: **Nordrhein-Westfalen**

! Der Duisburger Hafen ist der
größte Binnenhafen Europas.
Rund 20 000 Schiffe laufen ihn
jährlich an. Er liegt an der Rheinmündung der Ruhr.

Das Dürkheimer Riesenfass ist das größte Weinfass der Welt. In seinem Innern befindet sich ein Restaurant.

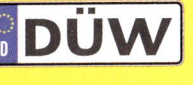

Landkreis: **Bad Dürkheim**
Einwohner: **133 500**
Kreisstadt: **Bad Dürkheim**
Bundesland: **Rheinland-Pfalz**

Nordrhein-Westfalen

Thüringen

Rheinland-Pfalz

Bayern

Stadt: **Essen**
Einwohner: **579 800**
Bundesland: **Nordrhein-Westfalen**

Stadt: **Eisenach**
Einwohner: **43 300**
Bundesland: **Thüringen**

Im 16. Jahrhundert versteckte sich Martin Luther unter dem Namen „Junker Jörg" auf der Eisenacher Wartburg.

EBE

Landkreis: **Ebersberg**
Einwohner: **127 000**
Kreisstadt: **Ebersberg**
Bundesland: **Bayern**

ED

Landkreis: **Erding**
Einwohner: **125 500**
Kreisstadt: **Erding**
Bundesland: **Bayern**

Das macht Spaß:
In einem Erlebnis-
bad in Erding steht das
„Magic Eye" – mit seinen 360 Metern ist es
Europas längste Wasserrutsche.

EE

Landkreis: **Elbe-Elster**
Einwohner: **115 500**
Kreisstadt: **Herzberg (Elster)**
Bundesland: **Brandenburg**

Die Erfur-
ter Krämer-
brücke ist
beidseitig mit Fachwerkhäusern bebaut.
Sie ist das Wahrzeichen der Stadt und
sogar bewohnt.

EF

Stadt: **Erfurt**
Einwohner: **202 800**
Bundesland: **Thüringen**

EI

Landkreis: **Eichstätt**
Einwohner: **124 800**
Kreisstadt: **Eichstätt**
Bundesland: **Bayern**

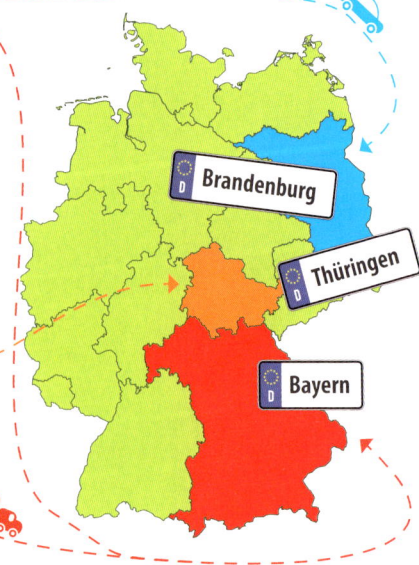

Brandenburg

Thüringen

Bayern

Im Jahre 1877 wurde in der Nähe von Eichstätt ein Skelett des Urvogels Archaeopteryx gefunden.

Niedersachsen

Thüringen

Baden-Württemberg

Kennst du Otto?

Otto Waalkes – oder einfach nur Otto – ist ein bekannter deutscher Komiker. Er wurde 1948 in Emden geboren. Otto ist der Zeichner der Ottifanten. Das sind lustige, elefantenartige Wesen. Du findest sie häufig in Zeitschriften auf der Seite mit den Witzen. Otto hat auch in zahlreichen Kinofilmen als Darsteller mitgespielt. Seine Gags bringen seit Jahrzehnten die Menschen zum Lachen. Frag mal deine Eltern: Auch sie haben bestimmt schon als Kind über seine Blödeleien geschmunzelt!

Landkreis: **Eichsfeld**
Einwohner: **106 900**
Kreisstadt: **Heiligenstadt**
Bundesland: **Thüringen**

Landkreis: **Emsland**
Einwohner: **313 800**
Kreisstadt: **Meppen**
Bundesland: **Niedersachsen**

Landkreis: **Emmendingen**
Einwohner: **157 600**
Kreisstadt: **Emmendingen**
Bundesland: **Baden-Württemberg**

Stadt: **Emden**
Einwohner: **51 700**
Bundesland: **Niedersachsen**

E

SPIELE
während der Fahrt

Nie mehr Langeweile auf dem Rücksitz! Mit diesen Spielen könnt ihr auch längere Autofahrten locker überstehen.

Fahrende BLUMEN

Jeder Spieler braucht ein Blatt Papier, eine feste Unterlage und einen Buntstift in einer anderen Farbe. Ihr müsst klären, ob entgegenkommende, überholende oder überholte Autos zählen. Los geht's! Seht ihr ein rotes Auto, dann malt der Spieler mit dem roten Stift eine Blume auf sein Blatt Papier. Kommt ein blaues Auto, so malt der Spieler mit dem blauen Stift eine Blume. Wer am Ende den größten Blumenstrauß gemalt hat, der hat gewonnen.

Buchstaben-WIRRWARR

Während der Fahrt seht ihr viele Autokennzeichen. Aus den Buchstaben könnt ihr lustige Sätze bilden. So wird aus ME-BK zum Beispiel „Marsmännchen ernten blaue Kiwis" oder „Meine Eltern brauchen Kaffee". Ihr könnt auch um die Wette spielen: Wer als Erster einen Satz ruft, hat gewonnen.

STADT LAND FLUSS

Jeder Mitspieler bekommt ein Blatt Papier, eine feste Unterlage und einen Stift. Unterteilt euer Blatt in mehrere Spalten und beschriftet sie mit „Stadt", „Land", „Fluss". Natürlich könnt ihr noch weitere Spalten nehmen, zum Beispiel „Tier", „Farbe" oder „Name". Nun sagt ein Mitspieler laut „A" und zählt im Kopf das Alphabet auf. Irgendwann ruft einer von euch „Stopp". Der Buchstabe, bei dem der „ABC-Denker" gerade ist, wird als Spielgrundlage genommen. Mit diesem Anfangsbuchstaben schreibt ihr in jeder Spalte ein passendes Wort auf. Wer zuerst fertig ist, ruft wieder „Stopp". Alle hören jetzt auf zu schreiben.

Du bekommst
- → 10 Punkte für jedes gefundene Wort
- → 5 Punkte, wenn das noch jemand aufgeschrieben hat
- → 15 Punkte, wenn kein anderer ein Wort gefunden hat

Und weiter geht's mit einem neuen Buchstaben! Gewinner ist, wer am Ende die höchste Punktzahl hat.

Eine Rätselgeschichte: Der BUS und die BRÜCKE

Ein Bus bleibt vor einer Brücke stehen. Der Fahrer befürchtet, dass der Bus zu schwer für die Brücke ist. Da kommt ein Radfahrer vorbei. Dieser überlegt kurz und sagt dann dem Fahrer, dass er die Brücke ohne Probleme überqueren könne. Der Bus fährt los. Und tatsächlich: Die Brücke hält dem Gewicht des Busses stand. Wie ist der Radfahrer zu dieser Einsicht gekommen?

Lösung: Weil die Brücke kürzer als der Bus ist, wird sie nie vom ganzen Gewicht des Busses belastet.

TEEKESSELCHEN

Ein Teekesselchen ist ein Wort, das verschiedene Bedeutungen hat. Ein Boxer zum Beispiel ist ein Sportler und ein Hund. Abwechselnd überlegt ihr euch Teekesselchen, die ihr dann umschreibt. Zum Beispiel: „Mein Teekesselchen ist ein Tier und trägt besondere Handschuhe." Kennst du dieses Teekesselchen: „Mein Teekesselchen tut weh und man kann es essen." Richtig, es ist der Bienenstich!

EMS

Landkreis: **Rhein-Lahn-Kreis**
Einwohner: **125 400**
Kreisstadt: **Bad Ems**
Bundesland: **Rheinland-Pfalz**

EN

Landkreis: **Ennepe-Ruhr-Kreis**
Einwohner: **335 900**
Kreisstadt: **Schwelm**
Bundesland: **Nordrhein-Westfalen**

ER

Stadt: **Erlangen**
Einwohner: **105 000**
Bundesland: **Bayern**

ERB

Landkreis: **Odenwaldkreis**
Einwohner: **98 100**
Kreisstadt: **Erbach**
Bundesland: **Hessen**

Wo sang einst die Loreley?

Die Loreley soll auf einem hohen Felsen im Rhein gesessen haben. Der Sage nach hat sie ihr langes Haar mit einem goldenen Kamm gekämmt. Dabei soll sie so unglaublich schön gesungen haben, dass die Schiffer nicht mehr auf die Strömung geachtet haben und ihre Boote an den Felsklippen zerschellt sind. Der Loreley-Felsen bei Sankt Goarshausen im Rhein-Lahn-Kreis ist heute eine berühmte Touristenattraktion.

Nordrhein-Westfalen

Hessen

Rheinland-Pfalz

Bayern

Das Elfenbein-museum im hessischen Erbach ist das weltweit einzige Spezialmuseum für Elfenbeinkunst.

Aus dem Erzgebirge kommen wunderschöne handgearbeitete Holzfiguren, etwa Räuchermännchen, Nussknacker und Engel.

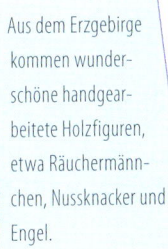

ERH

Landkreis: **Erlangen-Höchstadt**
Einwohner: **130 500**
Kreisstadt: **Erlangen**
Bundesland: **Bayern**

ERZ

Landkreis: **Erzgebirgskreis**
Einwohner: **377 200**
Kreisstadt: **Annaberg-Buchholz**
Bundesland: **Sachsen**

Sachsen

Hessen

Bayern

Baden-Württemberg

ES

Landkreis: **Esslingen**
Einwohner: **514 200**
Kreisstadt: **Esslingen am Neckar**
Bundesland: **Baden-Württemberg**

Die bekannteste Esslinger Sagengestalt ist der Postmichel. Er soll als kopfloser Geister-Reiter einen Mörder überführt haben.

ESW

Landkreis: **Werra-Meißner-Kreis**
Einwohner: **105 700**
Kreisstadt: **Eschwege**
Bundesland: **Hessen**

EU

Landkreis: **Euskirchen**
Einwohner: 193 300
Kreisstadt: **Euskirchen**
Bundesland: **Nordrhein-Westfalen**

F

Stadt: **Frankfurt am Main**
Einwohner: **664 800**
Bundesland: **Hessen**

FB

Landkreis: **Wetteraukreis**
Einwohner: **298 600**
Kreisstadt: **Friedberg**
Bundesland: **Hessen**

FD

Landkreis: **Fulda**
Einwohner: **218 400**
Kreisstadt: **Fulda**
Bundesland: **Hessen**

Welche Stadt nennt man auch „Mainhattan"?

Wegen ihrer vielen Hochhäuser wird Frankfurt am Main häufig „Mainhattan" genannt. In dieser Stadt fühlt man sich nämlich ein wenig an Manhattan erinnert. Das ist ein Stadtteil von New York und dort stehen auch so viele Wolkenkratzer. Frankfurt am Main ist Sitz zahlreicher großer Firmen, Banken und Versicherungen. Im August 1749 wurde in dieser Stadt Johann Wolfgang von Goethe geboren. Goethe gilt als der bedeutendste Dichter Deutschlands.

Der Frankfurter Flughafen ist der größte Flughafen Deutschlands. Hier werden jedes Jahr über 50 Millionen Passagiere abgefertigt.

Freudenstadt liegt im Schwarzwald. Der Schwarzwald ist das größte zusammenhängende Mittelgebirge Deutschlands.

FDS

Landkreis: **Freudenstadt**
Einwohner: **121 300**
Kreisstadt: **Freudenstadt**
Bundesland: **Baden-Württemberg**

F

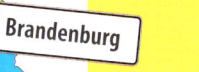

Brandenburg

Sachsen

Baden-Württemberg

Bayern

FF

Stadt: **Frankfurt (Oder)**
Einwohner: **61 300**
Bundesland: **Brandenburg**

FFB

Landkreis: **Fürstenfeldbruck**
Einwohner: **201 800**
Kreisstadt: **Fürstenfeldbruck**
Bundesland: **Bayern**

In Hünfeld im Landkreis Fulda starb 1995 Konrad Zuse. Seine Erfindung veränderte die Welt: Zuse baute den ersten programmierbaren Computer der Welt.

FG

Landkreis: **Mittelsachsen**
Einwohner: **335 800**
Kreisstadt: **Freiberg**
Bundesland: **Sachsen**

FL

Stadt: **Flensburg**
Einwohner: **88 700**
Bundesland: **Schleswig-Holstein**

Flensburg ist die nördlichste deutsche Hafenstadt.
Alle Autofahrer kennen Flensburg: Dort werden die unbeliebten Strafpunkte gesammelt.

Schleswig-Holstein

FN

Landkreis: **Bodenseekreis**
Einwohner: **207 700**
Kreisstadt: **Friedrichshafen**
Bundesland: **Baden-Württemberg**

FO

Landkreis: **Forchheim**
Einwohner: **113 500**
Kreisstadt: **Forchheim**
Bundesland: **Bayern**

Baden-Württemberg

Bayern

FR

Stadt: **Freiburg**
Landkreis: **Breisgau-Hochschwarzwald**
Einwohner: **469 700**
Kreisstadt: **Freiburg im Breisgau**
Bundesland: **Baden-Württemberg**

Freiburg im Breisgau gilt als wärmste Stadt Deutschlands.
Studenten und Touristen prägen das Bild der Stadt.

F

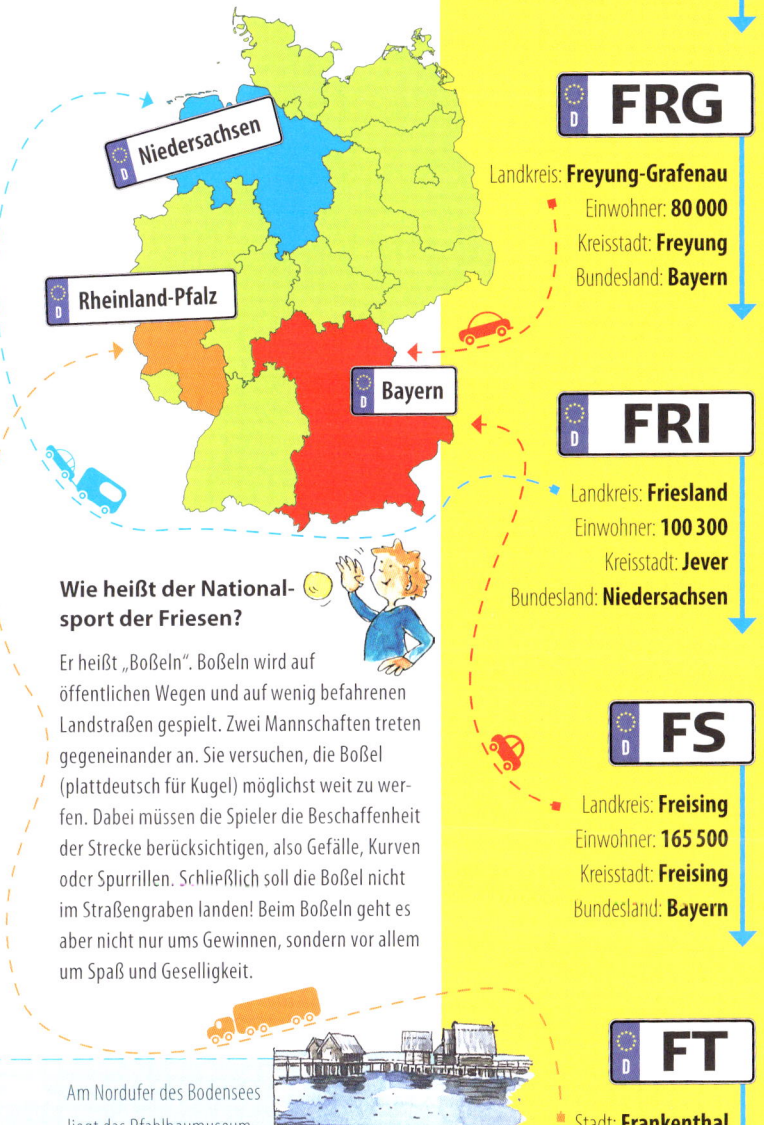

Niedersachsen

Rheinland-Pfalz

Bayern

FRG

Landkreis: **Freyung-Grafenau**
Einwohner: **80 000**
Kreisstadt: **Freyung**
Bundesland: **Bayern**

FRI

Landkreis: **Friesland**
Einwohner: **100 300**
Kreisstadt: **Jever**
Bundesland: **Niedersachsen**

Wie heißt der National-sport der Friesen?

Er heißt „Boßeln". Boßeln wird auf öffentlichen Wegen und auf wenig befahrenen Landstraßen gespielt. Zwei Mannschaften treten gegeneinander an. Sie versuchen, die Boßel (plattdeutsch für Kugel) möglichst weit zu werfen. Dabei müssen die Spieler die Beschaffenheit der Strecke berücksichtigen, also Gefälle, Kurven oder Spurrillen. Schließlich soll die Boßel nicht im Straßengraben landen! Beim Boßeln geht es aber nicht nur ums Gewinnen, sondern vor allem um Spaß und Geselligkeit.

FS

Landkreis: **Freising**
Einwohner: **165 500**
Kreisstadt: **Freising**
Bundesland: **Bayern**

FT

Stadt: **Frankenthal**
Einwohner: **47 200**
Bundesland: **Rheinland-Pfalz**

Am Nordufer des Bodensees liegt das Pfahlbaumuseum. Hier wird gezeigt, wie die Menschen in der Steinzeit gelebt haben.

FÜ

Stadt und Landkreis: **Fürth**
Einwohner: **228 500**
Kreisstadt: **Zirndorf**
Bundesland: **Bayern**

Wo fuhr die erste deutsche Eisenbahn?

Die erste Eisenbahn, die in Deutschland fuhr, verkehrte auf einer etwa sechs Kilometer langen Strecke zwischen den Städten Nürnberg und Fürth. Am 7. Dezember 1835 war es so weit: Mit mehreren festlich geschmückten Wagen startete die Adler-Lok zu ihrer Jungfernfahrt. Tausende jubelten und winkten der schnaufenden Dampflokomotive hinterher. Mit dieser legendären Fahrt begann in Deutschland das Eisenbahnzeitalter.

G

Stadt: **Gera**
Einwohner: **100 600**
Bundesland: **Thüringen**

Nordrhein-Westfalen

Thüringen

GAP

Landkreis: **Garmisch-Partenkirchen**
Einwohner: **86 400**
Kreisstadt: **Garmisch-Partenkirchen**
Bundesland: **Bayern**

Bayern

GE

Stadt: **Gelsenkirchen**
Einwohner: **262 000**
Bundesland: **Nordrhein-Westfalen**

Mit fast 3000 m ist die Zugspitze Deutschlands höchster Berg. Zu Füßen der Zugspitze liegt der Ort Garmisch-Partenkirchen.

Unglaublich, auf der Erde gibt es mehr als zwei Milliarden Playmobil-Figuren! Playmobil hat in Zirndorf im Landkreis Fürth seinen Sitz.

Im Gifhorner Mühlenmuseum kannst du wunderschöne Wind- und Wassermühlen aus aller Welt bewundern.

Niedersachsen

Rheinland-Pfalz

Hessen

D GER

Landkreis: **Germersheim**
Einwohner: **125 300**
Kreisstadt: **Germersheim**
Bundesland: **Rheinland-Pfalz**

D GF

Landkreis: **Gifhorn**
Einwohner: **173 700**
Kreisstadt: **Gifhorn**
Bundesland: **Niedersachsen**

D GG

Landkreis: **Groß-Gerau**
Einwohner: **253 500**
Kreisstadt: **Groß-Gerau**
Bundesland: **Hessen**

D GI

Landkreis: **Gießen**
Einwohner: **255 700**
Kreisstadt: **Gießen**
Bundesland: **Hessen**

GL

Landkreis: **Rheinisch-Bergischer Kreis**
Einwohner: **277 600**
Kreisstadt: **Bergisch Gladbach**
Bundesland: **Nordrhein-Westfalen**

In Göttingen ist es Tradition, das Gänseliesel auf dem Marktplatzbrunnen zu küssen, wenn man den Doktortitel bekommen hat.

GM

Landkreis: **Oberbergischer Kreis**
Einwohner: **284 900**
Kreisstadt: **Gummersbach**
Bundesland: **Nordrhein-Westfalen**

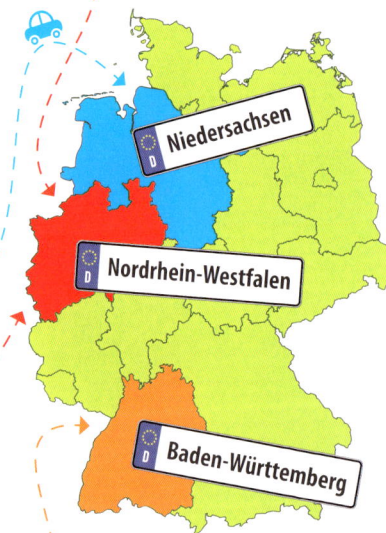

Niedersachsen

Nordrhein-Westfalen

Baden-Württemberg

GÖ

Landkreis: **Göttingen**
Einwohner: **259 900**
Kreisstadt: **Göttingen**
Bundesland: **Niedersachsen**

GP

Landkreis: **Göppingen**
Einwohner: **254 800**
Kreisstadt: **Göppingen**
Bundesland: **Baden-Württemberg**

Bergisch Gladbach hat sogar einen „Affenfelsen" – so wird das Rathaus im Stadtteil Bensberg genannt.

Görlitz liegt im Bundesland Sachsen an der Grenze zu Polen. Görlitz ist die am östlichsten gelegene deutsche Stadt.

Niedersachsen

Nordrhein-Westfalen

Sachsen

Thüringen

G

GR

Landkreis: **Görlitz**
Einwohner: **284 800**
Kreisstadt: **Görlitz**
Bundesland: **Sachsen**

GRZ

Landkreis: **Greiz**
Einwohner: **110 700**
Kreisstadt: **Greiz**
Bundesland: **Thüringen**

GS

Landkreis: **Goslar**
Einwohner: **146 200**
Kreisstadt: **Goslar**
Bundesland: **Niedersachsen**

GT

Landkreis: **Gütersloh**
Einwohner: **353 300**
Kreisstadt: **Gütersloh**
Bundesland: **Nordrhein-Westfalen**

Was machte Goslar im Mittelalter zu einer reichen Stadt?

Das Erz machte Goslar damals zu einer bedeutenden Stadt. Die reich verzierten Bürgerhäuser künden noch heute vom einstigen Wohlstand. Über 1000 Jahre wurde im Bergwerk Rammelsberg Erz abgebaut. 1988 wurde die Förderung eingestellt. Heute fährt die quietschende Grubenbahn nur noch tief in den Berg, um Besuchern zu zeigen, wie damals das Erz abgebaut und fein gemahlen wurde.

Landkreis: **Gotha**
Einwohner: **140 000**
Kreisstadt: **Gotha**
Bundesland: **Thüringen**

Landkreis: **Güstrow**
Einwohner: **101 200**
Kreisstadt: **Güstrow**
Bundesl.: **Mecklenburg-Vorpommern**

Landkreis: **Günzburg**
Einwohner: **121 100**
Kreisstadt: **Günzburg**
Bundesland: **Bayern**

Region: **Hannover**
Einwohner: **1,1 Mio.**
Bundesland: **Niedersachsen**

Wo führte ein Streit um Gänse zum Krieg?

In Bützow im Landkreis Güstrow führte ein Streit um dieses Federvieh zum „Gänsekrieg". Was war passiert? Ende 1794 verbot der Magistrat den Bürgern der Stadt, ihre Gänse frei in den Straßen herumlaufen zu lassen. Doch die Menschen kümmerten sich nicht um das Verbot. Darum ließ der Magistrat die Gänse einfach einsperren. Daraufhin kam es zu heftigen Unruhen. Diesem Gänsekrieg setzte der Dichter Wilhelm Raabe mit seiner Novelle „Die Gänse von Bützow" ein literarisches Denkmal.

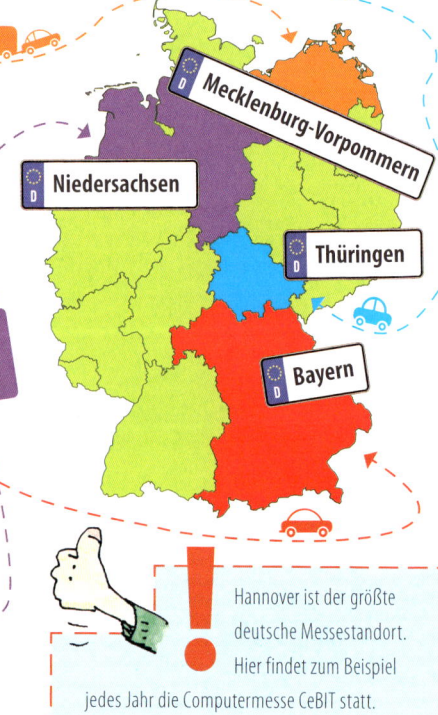

Hannover ist der größte deutsche Messestandort. Hier findet zum Beispiel jedes Jahr die Computermesse CeBIT statt.

In Hannover-Herrenhausen gibt es einen tollen Irrgarten. Er ist so groß, dass du dich darin wirklich verlaufen kannst!

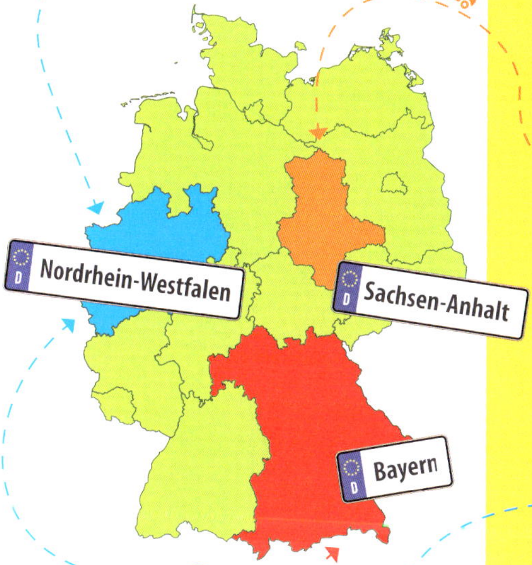

HA

Stadt: **Hagen**
Einwohner: **192 100**
Bundesland: **Nordrhein-Westfalen**

HAL

Stadt: **Halle (Saale)**
Einwohner: **233 000**
Bundesland: **Sachsen-Anhalt**

Nordrhein-Westfalen

Sachsen-Anhalt

Bayern

HAM

Stadt: **Hamm**
Einwohner: **182 400**
Bundesland: **Nordrhein-Westfalen**

Im Maximilianpark in Hamm steht ein großer Glaselefant. Der Aufzug zum Kopf des Elefanten befindet sich im gläsernen Rüssel.

HAS

Landkreis: **Haßberge**
Einwohner: **85 900**
Kreisstadt: **Haßfurt**
Bundesland: **Bayern**

HB

Stadt: **Bremen/Bremerhaven**
Einwohner: **547 300**
Bundesland: **Bremen**

HBN

Landkreis: **Hildburghausen**
Einwohner: **68 600**
Kreisstadt: **Hildburghausen**
Bundesland: **Thüringen**

HD

Stadt: **Heidelberg**
Landkreis: **Rhein-Neckar-Kreis**
Einwohner: **680 900**
Kreisstadt: **Heidelberg**
Bundesland: **Baden-Württemberg**

HDH

Landkreis: **Heidenheim**
Einwohner: **132 700**
Kreisstadt: **Heidenheim a. d. Brenz**
Bundesland: **Baden-Württemberg**

H

Wer waren die Bremer Stadtmusikanten?

Auf ihrem Weg nach Bremen sollen ein Esel, ein Hund, eine Katze und ein Hahn böse Räuber aus einem Haus verjagt haben. Die Tiere wollten in der Hansestadt ein neues Leben als Stadtmusikanten beginnen. Bestimmt kennst du dieses Märchen der Brüder Grimm. Auf dem Bremer Marktplatz steht eine Statue der Bremer Stadtmusikanten. Es soll Glück bringen, wenn man die Hufe des Esels berührt und dabei die Augen schließt. Die Statue ist an dieser Stelle schon ganz glänzend!

Bremen

Thüringen

Baden-Württemberg

Das Heidelberger Schloss ist wahrscheinlich die am meisten fotografierte Ruine Deutschlands.

Hoffenheim im Rhein-Neckar-Kreis ist ein kleines Dorf in Baden-Württemberg – das in der Bundesliga gegen Bayern München spielt!

HE

Landkreis: **Helmstedt**
Einwohner: **94 800**
Kreisstadt: **Helmstedt**
Bundesland: **Niedersachsen**

Schleswig-Holstein

Niedersachsen

Nordrhein-Westfalen

Hessen

HEF

Landkreis: **Hersfeld-Rotenburg**
Einwohner: **124 000**
Kreisstadt: **Bad Hersfeld**
Bundesland: **Hessen**

HEI

Landkreis: **Dithmarschen**
Einwohner: **136 200**
Kreisstadt: **Heide**
Bundesland: **Schleswig-Holstein**

In der Seehundstation Friedrichskoog im Landkreis Dithmarschen werden junge Robben (Heuler) aufgezogen, die ihre Mutter verloren haben.

HER

Stadt: **Herne**
Einwohner: **166 900**
Bundesland: **Nordrhein-Westfalen**

HF

Landkreis: **Herford**
Einwohner: **251 500**
Kreisstadt: **Herford**
Bundesland: **Nordrhein-Westfalen**

Der Hamburger Hafen ist der größte Seehafen Deutschlands. Er wird von Schiffen aus der ganzen Welt angelaufen.

HG

Landkreis: **Hochtaunuskreis**
Einwohner: **225 700**
Kreisstadt: **Bad Homburg**
Bundesland: **Hessen**

Mecklenburg-Vorpommern
Hamburg
Nordrhein-Westfalen
Hessen

HGW

Stadt: **Greifswald**
Einwohner: **54 100**
Bundesl.: **Mecklenburg-Vorpommern**

Wo wurde der erste gitterlose Zoo gegründet?

Der erste Zoo ohne Gitter wurde 1907 in Hamburg gegründet. Es ist der Tierpark Hagenbeck. Carl Hagenbeck wollte die Tiere nicht in Käfigen, sondern in großen Freigehegen zeigen. Statt durch Gitter sollten sie nur durch Gräben von den Besuchern getrennt sein. Bis heute leben die Tiere in diesen Gehegen, die ihren natürlichen Lebensbedingungen nachempfunden sind. Hagenbecks Idee der artgerechten Haltung war sensationell und wurde von vielen zoologischen Gärten übernommen.

HH

Stadt: **Hamburg**
Einwohner: **1 775 300**
Bundesland: **Hamburg**

Einst war der Limes die Grenze des Römischen Reiches. Das Römerkastell Saalburg im Hochtaunuskreis diente der Überwachung des Limes.

HI

Landkreis: **Hildesheim**
Einwohner: **286 600**
Kreisstadt: **Hildesheim**
Bundesland: **Niedersachsen**

Schleswig-Holstein

Niedersachsen

Baden-Württemberg

HL

Stadt: **Lübeck**
Einwohner: **211 400**
Bundesland: **Schleswig-Holstein**

HM

Landkreis: **Hameln-Pyrmont**
Einwohner: **156 400**
Kreisstadt: **Hameln**
Bundesland: **Niedersachsen**

Das Holstentor ist das Wahrzeichen der Hansestadt Lübeck. Früher schützte es die Altstadt.

HN

Stadt und Landkreis: **Heilbronn**
Einwohner: **451 100**
Bundesland: **Baden-Württemberg**

Der Rattenfänger von Hameln wurde um seinen Lohn betrogen und soll als Rache die Kinder aus der Stadt entführt haben.

H

Welcher „Lügenbaron" wurde in Bodenwerder geboren?

Der Baron von Münchhausen wurde 1720 in Bodenwerder im Landkreis Holzminden geboren. Münchhausen war Offizier im Dienste der russischen Zarin. Berühmt wurde er aber nicht durch seine Heldentaten, sondern weil er im Kreise seiner Freunde gern die abenteuerlichsten Geschichten erzählte. So behauptete er zum Beispiel, er sei auf einer Kanonenkugel geflogen. Und soll man wirklich glauben, dass der „Lügenbaron" gleich zweimal bis zum Mond gereist ist?

H

HO

Stadt und Landkreis: **Hof**
Einwohner: **149 700**
Bundesland: **Bayern**

HOL

Landkreis: **Holzminden**
Einwohner: **75 000**
Kreisstadt: **Holzminden**
Bundesland: **Niedersachsen**

HOM

Landkreis: **Saarpfalz-Kreis**
Einwohner: **150 800**
Kreisstadt: **Homburg**
Bundesland: **Saarland**

HP

Landkreis: **Bergstraße**
Einwohner: **263 400**
Kreisstadt: **Heppenheim**
Bundesland: **Hessen**

Niedersachsen

Hessen

Bayern

Saarland

! Die Schlossberghöhlen in Homburg sind die größten Buntsandsteinhöhlen Europas. Sie erstrecken sich über 12 Stockwerke und haben kilometerlange Gänge!

Das H im Autokennzeichen von Rostock steht für „Hansestadt". Die Hanse war ein Städtebund norddeutscher Kaufleute.

Mecklenburg-Vorpommern

Nordrhein-Westfalen

Hessen

Ein Strandkorb schützt vor Wind und Sonne. Der erste Strandkorb wurde im Jahre 1882 von einem Korbmacher aus Rostock angefertigt.

HR

Landkreis: **Schwalm-Eder-Kreis**
Einwohner: **185 300**
Kreisstadt: **Homberg (Efze)**
Bundesland: **Hessen**

HRO

Stadt: **Rostock**
Einwohner: **201 000**
Bundesl.: **Mecklenburg-Vorpommern**

HS

Landkreis: **Heinsberg**
Einwohner: **201 800**
Kreisstadt: **Heinsberg**
Bundesland. **Nordrhein-Westfalen**

HSK

Landkreis: **Hochsauerlandkreis**
Einwohner: **271 900**
Kreisstadt: **Meschede**
Bundesland: **Nordrhein-Westfalen**

H

HST

Stadt: **Stralsund**
Einwohner: **57 800**
Bundesl.: **Mecklenburg-Vorpommern**

In Hanau sind Jacob und Wilhelm Grimm geboren. Als Märchensammler sind die Brüder weltberühmt geworden.

HU

Stadt: **Hanau**
Einwohner: **88 200**
Bundesland: **Hessen**

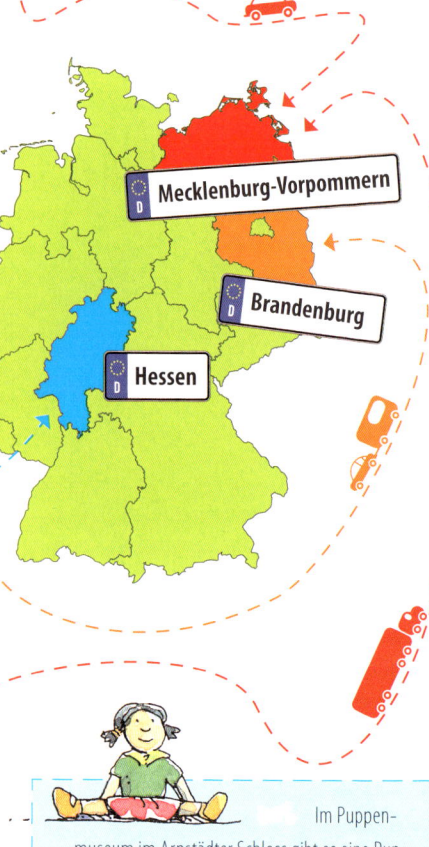

Mecklenburg-Vorpommern

Brandenburg

Hessen

HVL

Landkreis: **Havelland**
Einwohner: **155 000**
Kreisstadt: **Rathenow**
Bundesland: **Brandenburg**

HWI

Stadt: **Wismar**
Einwohner: **44 700**
Bundesl.: **Mecklenburg-Vorpommern**

Im Puppenmuseum im Arnstädter Schloss gibt es eine Puppenstadt, die den Alltag der Menschen im 18. Jahrhundert zeigt.

Die Rappbodetalsperre im Harz ist die größte Talsperre in Deutschland. Die Staumauer ist 106 m hoch.

HX

Landkreis: **Höxter**
Einwohner: **149 800**
Kreisstadt: **Höxter**
Bundesland: **Nordrhein-Westfalen**

Wo tanzen nachts die Hexen?

Der Legende nach kamen in der Nacht vom 30. April auf den 1. Mai die Hexen auf dem Brocken zusammen, um ein rauschendes Fest zu feiern. Sie sollen mit ihren Reisigbesen auf den Berg geflogen sein, um mit dem Teufel zu tanzen. Nicht nur auf dem

Brocken, in fast jedem Ort im Harz feiert man auch heute noch die Walpurgisnacht. Mit Hexentänzen, Theateraufführungen und Feuerwerk wird der Winter ausgetrieben und der Frühling begrüßt.

HZ

Landkreis: **Harz**
Einwohner: **237 600**
Kreisstadt: **Halberstadt**
Bundesland: **Sachsen-Anhalt**

IGB

Stadt: **St. Ingbert**
Einwohner: **37 600**
Bundesland: **Saarland**

IK

Landkreis: **Ilm-Kreis**
Einwohner: **113 400**
Kreisstadt: **Arnstadt**
Bundesland: **Thüringen**

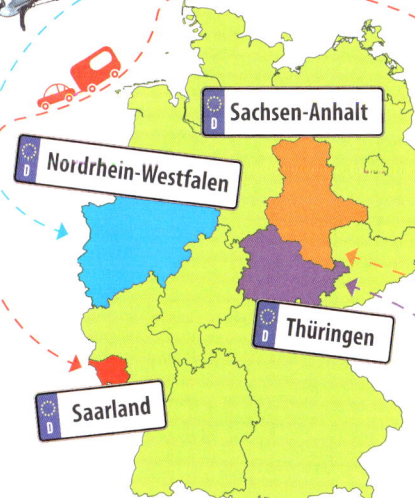

Sachsen-Anhalt
Nordrhein-Westfalen
Thüringen
Saarland

SPIELE
auf dem Rastplatz

Endlich Pause! Jetzt schnell raus aus dem Auto und eine Runde toben!

Eine SCHLANGE fangen

Ein Seil kann eine gefährliche Schlange sein. Einer von euch zieht oder schwingt das Seil in Zick-Zack-Bewegungen über den Boden. Die Mitspieler versuchen, mit einem Fuß auf das Seil zu treten und die Schlange so zu fangen.

Das Seil SCHWINGEN

Seilspringen ist eine gute Fitnessübung. Ihr braucht nur ein langes Seil und ein wenig Platz. Das Seil wird von zwei Kindern oder den Eltern im weiten Bogen geschwungen. Versucht als Erstes, durch das schwingende Seil auf die andere Seite zu laufen – natürlich ohne das Seil zu berühren! Dann könnt ihr im Seil einige Übungen machen, zum Beispiel auf einem Bein hüpfen, mit oder ohne Zwischensprung.

Sackhüpfen ganz ANDERS

Sackhüpfen macht Spaß! Doch wer hat schon alte Säcke im Auto? Darum bindet ihr einfach den zwei Spielern, die gegeneinander antreten wollen, einen Gürtel, ein Tuch oder einen Schal locker um die Beine. Wer zuerst das Ziel erreicht, hat gewonnen. Wenn ihr aber auf die Nase fallt, dürft ihr zum Aufstehen nicht die Hände benutzen!

Auf der WIESE

Versucht doch einmal, mit euren nackten Füßen Gras zu rupfen. Wer hat am Ende den größten Haufen?

HIMMEL und HÖLLE

Ein Stück Kreide, ein kleiner Platz – mehr braucht ihr nicht für tolle Hüpfspiele. Mit der Kreide zeichnet ihr auf dem Boden das Spielfeld auf. Jetzt müsst ihr euch nur noch auf eine Hüpfreihenfolge einigen, zum Beispiel erste Runde auf beiden Beinen, zweite Runde auf dem rechten und dritte Runde auf dem linken Bein. Ihr könnt auch mit der Fußspitze einen kleinen Stein von einem Feld ins nächste schubsen. Wenn ihr „Himmel und Hölle" spielen wollt, müsst ihr die Hölle überspringen. Im Himmel dürft ihr ruhig eine kurze Rast einlegen.

Gehüpft wie gesprungen – GUMMITWIST

Besorgt euch vor der Autofahrt ein langes Hosengummi, das ihr an den Enden fest zusammenknotet. Damit könnt ihr auf dem Rastplatz Gummitwist springen. Das Gummiband einfach um die Füße der Eltern spannen, auf eine Sprungfolge einigen und schon kann es losgehen. Allmählich wird die Sprunghöhe und damit auch der Schwierigkeitsgrad gesteigert. Gummitwist ist auch alleine oder zu zweit möglich. Dann muss das Gummi zwischen Stühlen oder Mülltonnen befestigt werden.

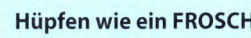

Hüpfen wie ein FROSCH

Könnt ihr wie Frösche hüpfen? Wie viele Sprünge braucht ihr, um zu einem festgelegten Punkt zu gelangen? Einer von euch kann ein Storch sein. Er muss auf einem Bein hüpfen und versuchen, die quakenden Frösche abzuschlagen. Jetzt streckt ihr euch wie Giraffen, flattert wie Vögel oder stampft wie Elefanten.

Stadt: **Ingolstadt**
Einwohner: **123 900**
Bundesland: **Bayern**

Landkreis: **Steinburg**
Einwohner: **134 100**
Kreisstadt: **Itzehoe**
Bundesland: **Schleswig-Holstein**

Stadt: **Jena**
Einwohner: **103 400**
Bundesland: **Thüringen**

Landkreis: **Jerichower Land**
Einwohner: **98 100**
Kreisstadt: **Burg**
Bundesland: **Sachsen-Anhalt**

„Pling"! Im August 1984 ging an der Universität Karlsruhe die erste E-Mail auf einem deutschen Mail-Server ein.

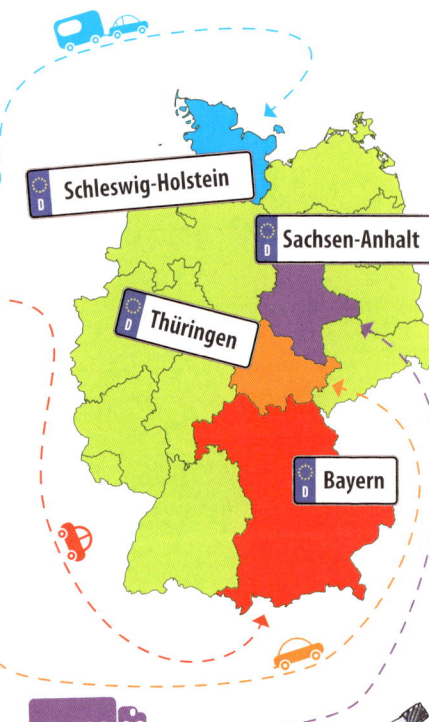

Schleswig-Holstein

Sachsen-Anhalt

Thüringen

Bayern

In Jena werden optische Geräte hergestellt. Im Zeiss-Planetarium kommst du den Sternen ein Stückchen näher.

Wann beginnt in Köln das närrische Treiben?

Jedes Jahr am 11.11. um 11.11 Uhr geht es los: Dann wird traditionell auf dem Heumarkt der Kölner Karneval eröffnet. Tausende Narren begrüßen unter lauten „Alaaf"-Rufen das Dreigestirn Prinz, Bauer und Jungfrau. „Kölle Alaaf" heißt so viel wie „Köln voran". Der Straßenkarneval startet erst an Weiberfastnacht. Der Höhepunkt ist immer der große Rosenmontagszug durch die Kölner Innenstadt. Aschermittwoch ist die närrische Zeit wieder vorbei – jedenfalls bis zum 11.11.!

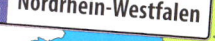
Nordrhein-Westfalen

Hessen

Baden-Württemberg

Bayern

Mit rund sechs Millionen Besuchern pro Jahr ist der Kölner Dom die beliebteste deutsche Sehenswürdigkeit.

K

Stadt: **Köln**
Einwohner: **995 400**
Bundesland: **Nordrhein-Westfalen**

KA

Stadt und Landkreis: **Karlsruhe**
Einwohner: **722 100**
Bundesland: **Baden-Württemberg**

KB

Landkreis: **Waldeck-Frankenberg**
Einwohner: **164 600**
Kreisstadt: **Korbach**
Bundesland: **Hessen**

KC

Landkreis: **Kronach**
Einwohner: **71 600**
Kreisstadt: **Kronach**
Bundesland: **Bayern**

K

KE
Stadt: **Kempten**
Einwohner: **62 100**
Bundesland: **Bayern**

KEH
Landkreis: **Kelheim**
Einwohner: **113 200**
Kreisstadt: **Kelheim**
Bundesland: **Bayern**

KF
Stadt: **Kaufbeuren**
Einwohner: **41 900**
Bundesland: **Bayern**

KG
Landkreis: **Bad Kissingen**
Einwohner: **105 700**
Kreisstadt: **Bad Kissingen**
Bundesland: **Bayern**

Mit seinen rund 70 500 km² ist Bayern das größte deutsche Bundesland.

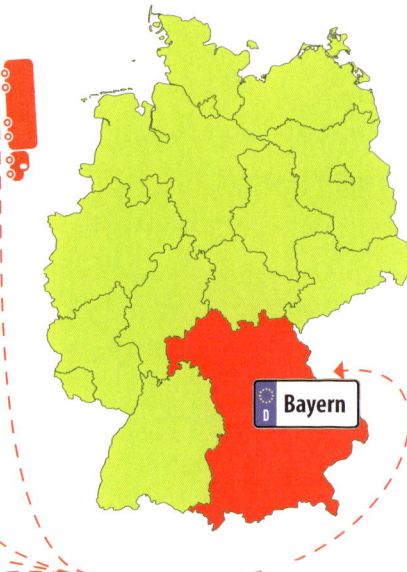

Bayern

Zwischen Bad Kissingen und Bad Bocklet verkehrt im Sommer noch heute eine Postkutsche auf einem historischen Postweg.

Rheinland-Pfalz ist, gemessen an seiner Fläche, das die waldreichste Bundesland in Deutschland.

Kennst du Deutschlands längste Woche?

Das ist die Kieler Woche, das größte Segelsportereignis Deutschlands! Jedes Jahr gegen Ende Juni treffen sich in Kiel die schönsten und größten Windjammer aus aller Welt. Täglich finden spannende Regatten statt. Außerdem gibt es in der ganzen Stadt viele Veranstaltungen unter freiem Himmel. Und das Besondere an der Kieler Woche: Das fröhliche Miteinander dauert nicht sieben, sondern neun Tage!

Schleswig-Holstein

Rheinland-Pfalz

Kaiserslautern hat einen Fisch im Wappen. Im 15. Jahrhundert soll ein riesiger Hecht aus einem Teich der Stadt gezogen worden sein.

Landkreis: **Bad Kreuznach**
Einwohner: **156 600**
Kreisstadt: **Bad Kreuznach**
Bundesland: **Rheinland-Pfalz**

Stadt: **Kiel**
Einwohner: **237 500**
Bundesland: **Schleswig-Holstein**

K

Landkreis: **Donnersbergkreis**
Einwohner: **77 300**
Kreisstadt: **Kirchheimbolanden**
Bundesland: **Rheinland-Pfalz**

Stadt und Landkreis: **Kaiserslautern**
Einwohner: **204 600**
Bundesland: **Rheinland-Pfalz**

KLE

Landkreis: **Kleve**
Einwohner: **307 700**
Kreisstadt: **Kleve**
Bundesland: **Nordrhein-Westfalen**

KN

Landkreis: **Konstanz**
Einwohner: **276 200**
Kreisstadt: **Konstanz**
Bundesland: **Baden-Württemberg**

KO

Stadt: **Koblenz**
Einwohner: **106 300**
Bundesland: **Rheinland-Pfalz**

KR

Stadt: **Krefeld**
Einwohner: **236 300**
Bundesland: **Nordrhein-Westfalen**

Nordrhein-Westfalen

Rheinland-Pfalz

Baden-Württemberg

Koblenz zählt zu den ältesten Städten Deutschlands. Die Stadt liegt am Zusammenfluss von Rhein und Mosel, auch bekannt als „Deutsches Eck".

Die Insel Mainau bei Konstanz am Bodensee wird wegen ihrer vielen wunderschönen Blumen und Sträucher auch „Blumeninsel" genannt.

Wer war der stärkste Mann der Welt?

Herkules, der Supermann der Antike, ist das Wahrzeichen Kassels. Das mächtige Herkules-Standbild thront im Wilhelmshöher Park. Herkules vollbrachte tolle Heldentaten und war berühmt für seine Stärke. In der einen Hand hält der griechische Sagenheld drei Äpfel, die er den Nymphen gestohlen haben soll. Die Äpfel verliehen den Göttern ewige Jugend. Mit der anderen Hand stützt sich Herkules auf eine Keule, die mit dem Fell eines Löwen behängt ist. Und den soll er mit bloßen Händen erwürgt haben!

Der Bodensee ist der größte See Deutschlands. Deutschland, Österreich und die Schweiz grenzen an sein Ufer.

KS

Stadt und Landkreis: **Kassel**
Einwohner: **433 400**
Bundesland: **Hessen**

KT

Landkreis: **Kitzingen**
Einwohner: **88 900**
Kreisstadt: **Kitzingen**
Bundesland: **Bayern**

K

KU

Landkreis: **Kulmbach**
Einwohner: **75 600**
Kreisstadt: **Kulmbach**
Bundesland: **Bayern**

KÜN

Landkreis: **Hohenlohekreis**
Einwohner: **109 700**
Kreisstadt: **Künzelsau**
Bundesland: **Baden-Württemberg**

KUS

Landkreis: **Kusel**
Einwohner: **74 000**
Kreisstadt: **Kusel**
Bundesland: **Rheinland-Pfalz**

KYF

Landkreis: **Kyffhäuserkreis**
Einwohner: **88 800**
Kreisstadt: **Sondershausen**
Bundesland: **Thüringen**

L

Stadt und Landkreis: **Leipzig**
Einwohner: **787 300**
Kreisstadt: **Borna**
Bundesland: **Sachsen**

LA

Stadt und Landkreis: **Landshut**
Einwohner: **211 100**
Bundesland: **Bayern**

Wo schläft Kaiser Rotbart?

In der waldreichen Landschaft des Kyffhäusergebirges ist die Barbarossa-Sage zu Hause. Barbarossa ist das italienische Wort für „Rotbart". Das kalkige Gestein des Gebirges weist zahlreiche Höhlen auf. In einer dieser Höhlen, in der Barbarossahöhle, soll Kaiser Barbarossa schlafen und auf bessere Zeiten warten. Mittlerweile ist ihm schon ein langer roter Bart gewachsen. Du kannst die Höhle besichtigen. Und wo ist Barbarossa? Vielleicht ist er gerade aufgestanden, sein Stuhl und sein Tisch stehen aber immer noch im Tanzsaal der Höhle!

Sachsen

Thüringen

Rheinland-Pfalz

Bayern

Der Kirchturm von St. Martin in Landshut ist mit 130,6 m der höchste Ziegelsteinturm der Welt.

54

In Leipzig gibt es den ältesten botanischen Garten Deutschlands. Hier kannst du Insektenfallen und „lebende Steine" bewundern.

Landkreis: **Nürnberger Land**
Einwohner: **167 100**
Kreisstadt: **Lauf an der Pegnitz**
Bundesland: **Bayern**

Früher wurde die Festung auf dem Hohenasperg bei Ludwigsburg als Staatsgefängnis genutzt.

Landkreis: **Ludwigsburg**
Einwohner: **515 900**
Kreisstadt: **Ludwigsburg**
Bundesland: **Baden-Württemberg**

Rheinland-Pfalz

Hessen

Baden-Württemberg

Bayern

Stadt: **Landau in der Pfalz**
Einwohner: **43 000**
Bundesland: **Rheinland-Pfalz**

Landkreis: **Lahn-Dill-Kreis**
Einwohner: **256 600**
Kreisstadt: **Wetzlar**
Bundesland: **Hessen**

L

LDS

Landkreis: **Dahme-Spreewald**
Einwohner: **161 500**
Kreisstadt: **Lübben**
Bundesland: **Brandenburg**

Leverkusen ist Hauptsitz des größten deutschen Pharmaunternehmens Bayer AG.

Niedersachsen

Brandenburg

Nordrhein-Westfalen

LER

Landkreis: **Leer**
Einwohner: **164 900**
Kreisstadt: **Leer**
Bundesland: **Niedersachsen**

LEV

Stadt: **Leverkusen**
Einwohner: **161 200**
Bundesland: **Nordrhein-Westfalen**

Es war das Salz – das „weiße Gold" –, das Lüneburg im Mittelalter großen Reichtum brachte.

LG

Landkreis: **Lüneburg**
Einwohner: **176 500**
Kreisstadt: **Lüneburg**
Bundesland: **Niedersachsen**

Heidschnucken sind eine alte Schafrasse in der Lüneburger Heide. Sowohl die Männchen als auch die Weibchen tragen Hörner.

L

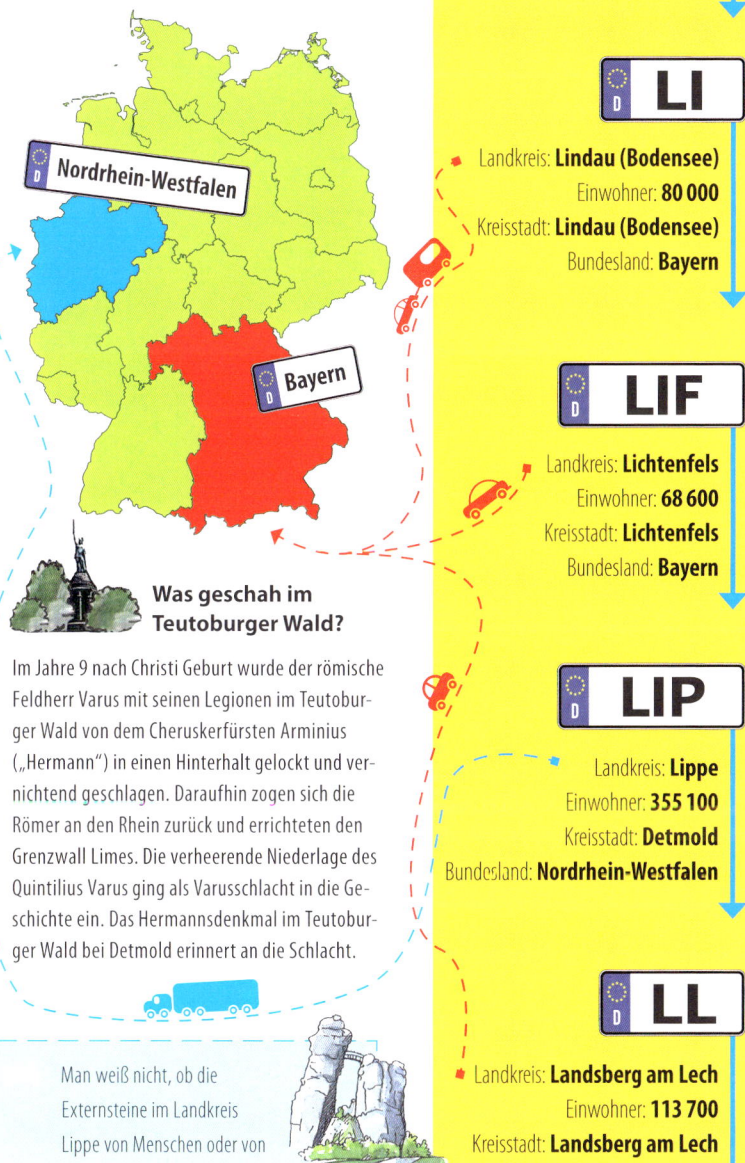

LI

Landkreis: **Lindau (Bodensee)**
Einwohner: **80 000**
Kreisstadt: **Lindau (Bodensee)**
Bundesland: **Bayern**

LIF

Landkreis: **Lichtenfels**
Einwohner: **68 600**
Kreisstadt: **Lichtenfels**
Bundesland: **Bayern**

LIP

Landkreis: **Lippe**
Einwohner: **355 100**
Kreisstadt: **Detmold**
Bundesland: **Nordrhein-Westfalen**

LL

Landkreis: **Landsberg am Lech**
Einwohner: **113 700**
Kreisstadt: **Landsberg am Lech**
Bundesland: **Bayern**

Nordrhein-Westfalen

Bayern

Was geschah im Teutoburger Wald?

Im Jahre 9 nach Christi Geburt wurde der römische Feldherr Varus mit seinen Legionen im Teutoburger Wald von dem Cheruskerfürsten Arminius („Hermann") in einen Hinterhalt gelockt und vernichtend geschlagen. Daraufhin zogen sich die Römer an den Rhein zurück und errichteten den Grenzwall Limes. Die verheerende Niederlage des Quintilius Varus ging als Varusschlacht in die Geschichte ein. Das Hermannsdenkmal im Teutoburger Wald bei Detmold erinnert an die Schlacht.

Man weiß nicht, ob die Externsteine im Landkreis Lippe von Menschen oder von der Natur geschaffen wurden.

L

LM

Landkreis: **Limburg-Weilburg**
Einwohner: **172 700**
Kreisstadt: **Limburg an der Lahn**
Bundesland: **Hessen**

In Niederselters im Landkreis Limburg-Weilburg gibt es einen Mineralbrunnen, der dem Selterswasser seinen Namen gab. Bei „Selters" handelt es sich um Mineralwasser mit Kohlensäure.

LÖ

Landkreis: **Lörrach**
Einwohner: **222 600**
Kreisstadt: **Lörrach**
Bundesland: **Baden-Württemberg**

LOS

Landkreis: **Oder-Spree**
Einwohner: **186 500**
Kreisstadt: **Beeskow**
Bundesland: **Brandenburg**

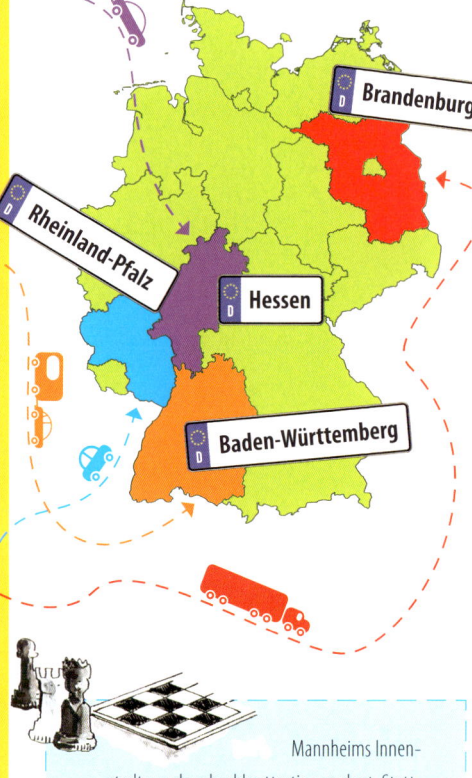

Brandenburg

Rheinland-Pfalz

Hessen

Baden-Württemberg

LU

Stadt: **Ludwigshafen am Rhein**
Einwohner: **163 400**
Bundesland: **Rheinland-Pfalz**

Mannheims Innenstadt wurde schachbrettartig angelegt. Statt Straßennamen findest du dort Buchstaben und Zahlen.

Wann ist in München „o'zapft"?

Mit den Worten „o'zapft is" wird in München alljährlich das Oktoberfest eröffnet. Das Oktoberfest ist das größte Volksfest der Welt. Rund sechs Millionen Menschen werden jedes Jahr zur „Wiesn" erwartet. Während des Oktoberfestes tragen viele Menschen bayerische Tracht. Den Mädchen und Jungen sind Dirndl, Lederhose und Bierkrüge natürlich egal. Sie interessieren sich vor allem für die tollen Karuselle, die leckeren Brezeln und die bunte Zuckerwatte.

Landkreis: **Ludwigslust**
Einwohner: **124 600**
Kreisstadt: **Ludwigslust**
Bundesl.: **Mecklenburg-Vorpommern**

Stadt und Landkreis: **München**
Einwohner: **1,6 Mio.**
Bundesland: **Bayern**

Stadt: **Mannheim**
Einwohner: **311 300**
Bundesland: **Baden-Württemberg**

Mecklenburg-Vorpommern

Baden-Württemberg

Bayern

Der Englische Garten in München ist der größte Stadtpark der Welt. Hier kannst du laufen, baden oder Fußball spielen.

MB

Landkreis: **Miesbach**
Einwohner: **95 000**
Kreisstadt: **Miesbach**
Bundesland: **Bayern**

L
M

MD

Stadt: **Magdeburg**
Einwohner: **230 000**
Bundesland: **Sachsen-Anhalt**

Wo hat der Neandertaler gelebt?

Zwischen Erkrath und Mettmann liegt das Neandertal. Im August 1856 stießen hier Steinbrucharbeiter auf Skelettteile, die sie anfangs für die Überreste eines Höhlenbären hielten. Aber bei dem Fund handelte es sich um Knochen des ersten Urmenschen. Spätere Ausgrabungen zeigten, dass der Neandertaler riesige Gebiete von Gibraltar bis nach Usbekistan in Mittelasien besiedelte. Doch sein Name wird ihn auf immer mit dem Fundort im schönen Neandertal verbinden.

ME

Landkreis: **Mettmann**
Einwohner: **499 200**
Kreisstadt: **Mettmann**
Bundesland: **Nordrhein-Westfalen**

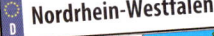

MEI

Landkreis: **Meißen**
Einwohner: **256 600**
Kreisstadt: **Meißen**
Bundesland: **Sachsen**

MG

Stadt: **Mönchengladbach**
Einwohner: **258 800**
Bundesland: **Nordrhein-Westfalen**

Meißen ist eine Stadt in Sachsen, in der Nähe von Dresden. Weltbekannt ist Meißen für sein edles Porzellan.

M

60

Die Magdeburger Börde mit ihren frucht-
baren Böden wird auch
„Kornkammer Deutsch-
lands" genannt.

Radebeul im Land-
kreis Meißen soll das
kleinste Kino der Welt haben. Das „Palast-
kino" hat nur neun Sitzplätze!

Nordrhein-Westfalen

Bayern

Radebeul ist die Heimat von Winnetou
und Old Shatterhand. Hier erfand
Karl May seine unsterblichen Figuren.

Stadt: **Mülheim an der Ruhr**
Einwohner: **168 300**
Bundesland: **Nordrhein-Westfalen**

Landkreis: **Minden-Lübbecke**
Einwohner: **237 600**
Kreisstadt: **Minden**
Bundesland: **Nordrhein-Westfalen**

Landkreis: **Miltenberg**
Einwohner: **129 600**
Kreisstadt: **Miltenberg**
Bundesland: **Bayern**

Landkreis: **Märkischer Kreis**
Einwohner: **437 800**
Kreisstadt: **Lüdenscheid**
Bundesland: **Nordrhein-Westfalen**

MKK

Landkreis: **Main-Kinzig-Kreis**
Einwohner: **407 400**
Kreisstadt: **Gelnhausen**
Bundesland: **Hessen**

Der Baasee ist ein verträumter See im Landkreis Märkisch-Oderland. In der Martinsnacht soll dort ein weißer Wassernix erscheinen.

MM

Stadt: **Memmingen**
Einwohner: **41 200**
Bundesland: **Bayern**

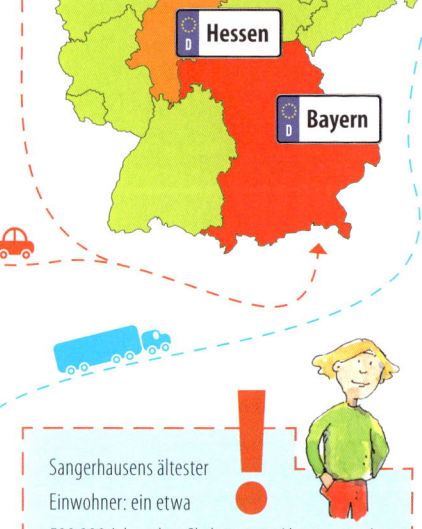

Brandenburg

Hessen

Bayern

MN

Landkreis: **Unterallgäu**
Einwohner: **135 700**
Kreisstadt: **Mindelheim**
Bundesland: **Bayern**

MOL

Landkreis: **Märkisch-Oderland**
Einwohner: **191 200**
Kreisstadt: **Seelow**
Bundesland: **Brandenburg**

Sangerhausens ältester Einwohner: ein etwa 500 000 Jahre altes Skelett eines Altmammuts!

M

Marburg hat eine wunderschöne Altstadt mit vielen verwinkelten Gassen, steilen Treppen und alten Fachwerkhäusern.

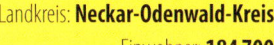

MOS

Landkreis: **Neckar-Odenwald-Kreis**
Einwohner: **184 700**
Kreisstadt: **Mosbach**
Bundesland: **Baden-Württemberg**

Nordrhein-Westfalen

Sachsen-Anhalt

Hessen

Baden-Württemberg

MR

Landkreis: **Marburg-Biedenkopf**
Einwohner: **251 800**
Kreisstadt: **Marburg**
Bundesland: **Hessen**

Wo gibt es mehr „Leezen" als Einwohner?

Die Münsteraner nennen ihr Fahrrad auch „Leeze". In Münster gibt es etwa doppelt so viele Fahrräder wie Einwohner. Hier wird ständig und überall Fahrrad gefahren. Das geht auch prima, denn in dieser Stadt gibt es viele Radwege, Parkhäuser nur für Fahrräder und sogar eigene Fahrradstraßen. Auf denen dürfen die Radfahrer nebeneinander fahren und haben Vorrang vor dem Autoverkehr.

MS

Stadt: **Münster**
Einwohner: **273 800**
Bundesland: **Nordrhein-Westfalen**

MSH

Landkreis: **Mansfeld-Südharz**
Einwohner: **155 200**
Kreisstadt: **Sangershausen**
Bundesland: **Sachsen-Anhalt**

M

63

MSP

Landkreis: **Main-Spessart**
Einwohner: **129 400**
Kreisstadt: **Karlstadt**
Bundesland: **Bayern**

Johannes Gutenberg, der Erfinder des Buchdrucks, ist der wohl berühmteste Sohn der Stadt Mainz.

Der Sage nach soll ein grausamer Bischof im Binger Mäuseturm bei lebendigem Leibe von Mäusen gefressen worden sein.

MST

Landkreis: **Mecklenburg-Strelitz**
Einwohner: **79 700**
Kreisstadt: **Neustrelitz**
Bundesl.: **Mecklenburg-Vorpommern**

MTK

Landkreis: **Main-Taunus-Kreis**
Einwohner: **226 000**
Kreisstadt: **Hofheim am Taunus**
Bundesland: **Hessen**

MÜ

Landkreis: **Mühldorf am Inn**
Einwohner: **110 900**
Kreisstadt: **Mühldorf am Inn**
Bundesland: **Bayern**

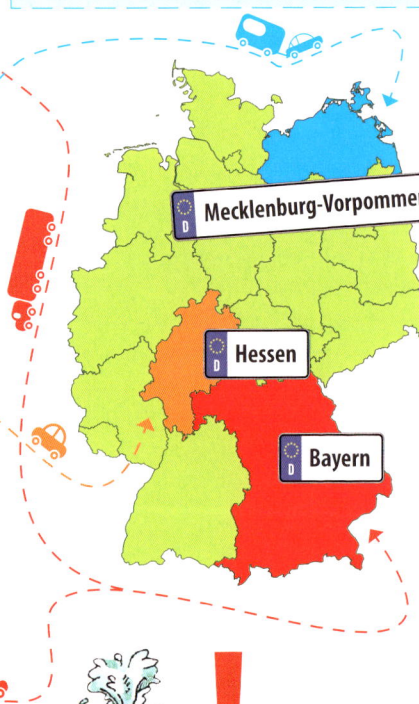

Mecklenburg-Vorpommern

Hessen

Bayern

In Andernach im Landkreis Mayen-Koblenz befindet sich der größte Kaltwassergeysir der Welt. Bis zu 60 m spritzt das Wasser in die Höhe.

Wo befindet sich das „Land der 1000 Seen"?

Die Mecklenburgische Seenplatte ist das größte zusammenhängende Seengebiet Deutschlands. Nicht ohne Stolz nennt sich die Region im Landkreis Müritz auch „Land der 1000 Seen". Zahlreiche Seen sind durch Flüsse und Kanäle miteinander verbunden. Von einem Kanu oder Kajak aus kannst du die Schönheit dieser Landschaft richtig genießen. Mit etwas Glück wirst du sogar Grau- oder Fischreiher entdecken. Im Herbst rasten an den Seen Tausende Kraniche und Wildgänse auf ihrem Weg in den Süden.

Mecklenburg-Vorpommern

Rheinland-Pfalz

Saarland

Die Burg Eltz liegt im Landkreis Mayen-Koblenz. Sie ist keine Ritterburg, sondern eine Wohnburg.

Landkreis: **Müritz**
Einwohner: **65 700**
Kreisstadt: **Waren (Müritz)**
Bundesl.: **Mecklenburg-Vorpommern**

Landkreis: **Mayen-Koblenz**
Einwohner: **212 100**
Kreisstadt: **Koblenz**
Bundesland: **Rheinland-Pfalz**

M

Stadt: **Mainz**
Landkreis: **Mainz-Bingen**
Einwohner: **399 000**
Kreisstadt: **Ingelheim am Rhein**
Bundesland: **Rheinland-Pfalz**

Landkreis: **Merzig-Wadern**
Einwohner: **106 200**
Kreisstadt: **Merzig**
Bundesland: **Saarland**

Stadt: **Nürnberg**
Einwohner: **503 600**
Bundesland: **Bayern**

Wo duftet es verführerisch nach gebrannten Mandeln?

Jedes Jahr im Advent duftet Nürnbergs ganze Innenstadt nach Bratwürsten, gebrannten Mandeln, Lebkuchen, Kräuterbonbons und anderen Köstlichkeiten. Der Nürnberger Christkindlesmarkt ist Deutschlands berühmtester Weihnachtsmarkt. Über zwei Millionen Besucher aus der ganzen Welt schlendern jährlich über den Markt. Die kleinen Holzbuden mit ihren rot-weiß gestreiften Stoffdächern haben dem Christkindlesmarkt den Beinamen „Städtlein aus Holz und Tuch" eingebracht.

Stadt: **Neubrandenburg**
Einwohner: **65 800**
Bundesl.: **Mecklenburg-Vorpommern**

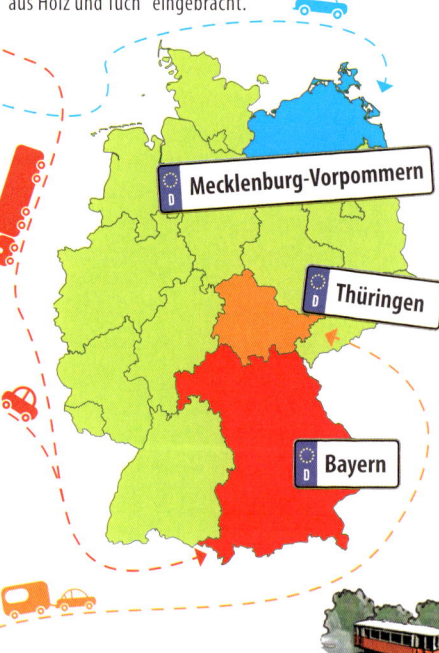

Landkreis: **Neuburg-Schrobenhausen**
Einwohner: **91 200**
Kreisstadt: **Neuburg an der Donau**
Bundesland: **Bayern**

Landkreis: **Nordhausen**
Einwohner: **91 100**
Kreisstadt: **Nordhausen**
Bundesland: **Thüringen**

Bitte einsteigen! In Nordhausen startet die Harzquerbahn. Eine Fahrt mit dieser Schmalspurbahn ist ein echtes Erlebnis!

Kennst du jemanden, der Müller oder Schmidt heißt? Schließlich kommen diese Nachnamen in Deutschland am häufigsten vor, ob in Bayern oder Nordrhein-Westfalen.

Nordrhein-Westfalen

Bayern

Die Rhön ist ein Mittelgebirge vulkanischen Ursprungs. Sie liegt ziemlich genau in der Mitte von Deutschland, im Landkreis Rhön-Grabfeld.

NE

Landkreis: **Rhein-Kreis Neuss**
Einwohner: **443 600**
Kreisstadt: **Neuss**
Bundesland: **Nordrhein-Westfalen**

NEA

Landkreis: **Neustadt a.d. Aisch-Bad Windsheim**
Einwohner: **98 500**
Kreisstadt: **Neustadt a.d. Aisch**
Bundesland: **Bayern**

NES

Landkreis: **Rhön-Grabfeld**
Einwohner: **83 900**
Kreisstadt: **Bad Neustadt**
Bundesland: **Bayern**

NEW

Landkreis: **Neustadt a.d. Waldnaab**
Einwohner: **98 400**
Kreisstadt: **Neustadt a.d.Waldnaab**
Bundesland: **Bayern**

N

SPIELE im Auto

Ihr seid immer noch nicht da? Hier findet ihr weitere Spielideen:

SCHNICK-SCHNACK-SCHNUCK

Es gibt drei Zeichen: Stein, Schere und Papier. Der Stein wird durch eine Faust, die Schere durch Zeige- und Mittelfinger und das Papier durch die flache Hand dargestellt. Gespielt wird zu zweit: Ihr formt gleichzeitig mit euren Händen die Zeichen und sagt dazu „Schnick, Schnack, Schnuck". Wer hat gewonnen?

Wer lacht ZUERST?

Schaut euch tief in die Augen und macht ein ernstes Gesicht. Wer zuerst lacht oder wegschaut, hat verloren!

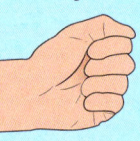

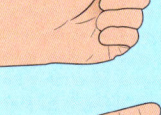

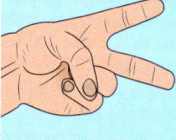

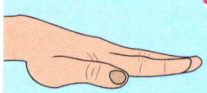

BANDWURMGESCHICHTE

Alle zusammen erfinden eine Geschichte. Einer fängt an und sagt einen Satz, zum Beispiel: „Heute ist keine Schule." Das letzte Wort dieses Satzes heißt Schule. Damit muss der Nächste einen neuen Satz bilden. Er könnte beispielsweise sagen: „Weil heute keine Schule ist, fahren wir in den Zoo." Vielleicht geht es ja so weiter: „Im Zoo befreien wir alle Tiere." Oh, nein – wie wird diese Geschichte nur ausgehen!

→ Der Stein schlägt die Schere, weil er sie schleifen kann.

→ Die Schere schlägt das Papier, weil sie es schneiden kann.

→ Das Papier schlägt den Stein, weil es ihn einwickeln kann.

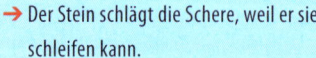

Ich PACKE meinen KOFFER

Jeder darf der Reihe nach einen Gegenstand nennen, den er in den Urlaub mitnehmen möchte. Zuvor muss er aber alle anderen Sachen aufzählen, die seine Vorgänger bereits in den Koffer gepackt haben! „Ich packe meinen Koffer und nehme eine gelbe Luftmatratze mit."
„Ich packe meinen Koffer und nehme eine gelbe Luftmatratze und eine Sonnenbrille mit."
„Ich packe meinen Koffer... "

WÖRTERKETTE

Ein Spieler nennt ein Doppelwort, zum Beispiel „Haustier". Der Nächste muss nun das hintere Wort nehmen und damit wieder ein Doppelwort bilden. Er könnte beispielsweise „Tierarzt" sagen. Jetzt muss das nächste Wort mit „Arzt" beginnen. Wer kein Wort mehr findet, scheidet leider aus.

WER bin ich?

Ein Spieler denkt sich ein Tier oder eine Person aus. Wichtig ist, dass die Figur allen bekannt ist. Dann fragt er: „Wer bin ich?" Jetzt müssen die anderen durch Fragen erraten, wer oder was er ist. Es dürfen aber nur Fragen gestellt werden, die mit Ja oder Nein beantwortet werden können. Nur wer die richtigen Fragen stellt und gut kombiniert, kann dieses Spiel gewinnen. Der Spieler, der das Tier oder die Person errät, darf sich etwas Neues ausdenken. Ihr könnt auch einem Mitspieler einen selbsthaftenden Zettel an die Stirn kleben, auf dem der Name einer Figur steht. Ziel ist es dann, den eigenen Namen zu erfragen.

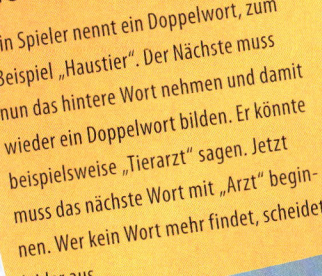

Ich SEHE was, was du NICHT SIEHST

Es dürfen nur Dinge genannt werden, die im Auto zu sehen sind. Ein Spieler beginnt und sagt zum Beispiel: „Ich sehe was, was du nicht siehst und das ist rot." Alle Mitspieler sehen sich um und müssen erraten, welcher Gegenstand gemeint ist. Derjenige, der die gesuchte Sache zuerst gefunden hat, hat gewonnen und darf sich als Nächstes etwas aussuchen.

NF

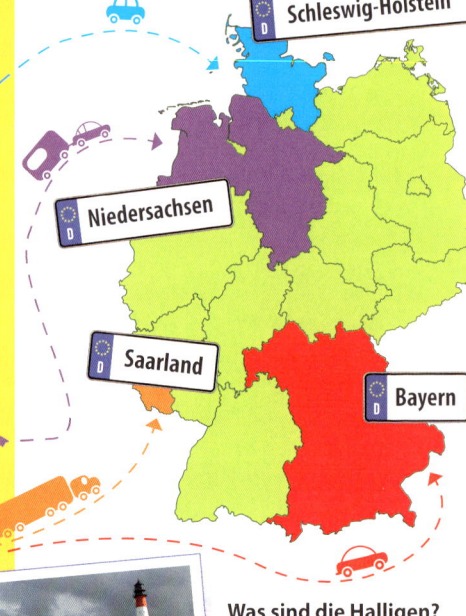

Landkreis: **Nordfriesland**
Einwohner: **166 800**
Kreisstadt: **Husum**
Bundesland: **Schleswig-Holstein**

NI

Landkreis: **Nienburg/Weser**
Einwohner: **123 900**
Kreisstadt: **Nienburg/Weser**
Bundesland: **Niedersachsen**

NK

Landkreis: **Neunkirchen**
Einwohner: **139 900**
Kreisstadt: **Neunkirchen**
Bundesland: **Saarland**

NM

Landkreis: **Neumarkt i. d. Oberpfalz**
Einwohner: **128 600**
Kreisstadt: **Neumarkt i. d. Oberpfalz**
Bundesland: **Bayern**

Was sind die Halligen?

Die Halligen in Nordfriesland sind kleine Marschinseln. Teils wurden sie durch die Gezeiten (Ebbe und Flut) aufgeschwemmt, teils sind es auch Festland- oder Inselreste, die die Sturmfluten früherer Jahrhunderte stehen ließen. Mehr als einhundert Halligen soll es einmal gegeben haben. Heute sind nur noch zehn Halligen der nordfriesischen Küste vorgelagert. Um sie zu sichern, wurden die Ufer durch Steinkanten geschützt. Die Bewohner der Halligen leben auf künstlich aufgeschütteten Erdhügeln, den Warften.

Deutschlands größte Sandkiste – so wird der riesige Strand in St. Peter-Ording im Landkreis Nordfriesland auch genannt.

Im Dinosaurierpark Münchehagen im Landkreis Nienburg kannst du echte Dino-Fußabdrücke bestaunen.

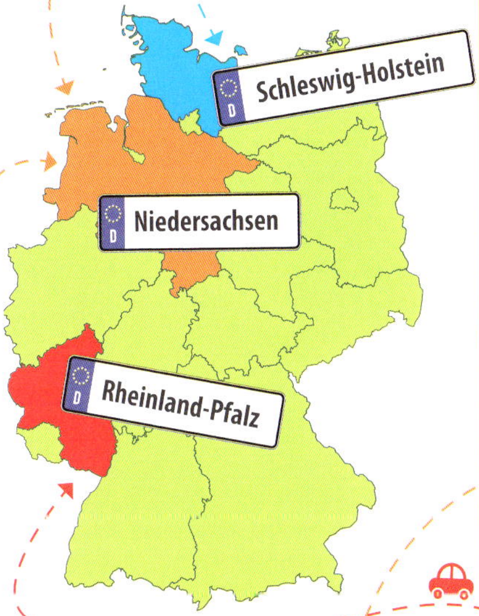

Stadt: **Neumünster**
Einwohner: **77 100**
Bundesland: **Schleswig-Holstein**

Schleswig-Holstein

Niedersachsen

Rheinland-Pfalz

Landkreis: **Grafschaft Bentheim**
Einwohner: **135 500**
Kreisstadt: **Nordhorn**
Bundesland: **Niedersachsen**

Landkreis: **Northeim**
Einwohner: **142 300**
Kreisstadt: **Northeim**
Bundesland: **Niedersachsen**

Die König-Otto-Tropf-steinhöhle im Landkreis Neumarkt gilt als eine der schönsten Tropfsteinhöhlen Deutschlands.

Landkreis: **Neuwied**
Einwohner: **182 500**
Kreisstadt: **Neuwied**
Bundesland: **Rheinland-Pfalz**

N

NU

Landkreis: **Neu-Ulm**
Einwohner: **164 700**
Kreisstadt: **Neu-Ulm**
Bundesland: **Bayern**

NVP

Landkreis: **Nordvorpommern**
Einwohner: **107 900**
Kreisstadt: **Grimmen**
Bundesl.: **Mecklenburg-Vorpommern**

NW

Stadt: **Neustadt a.d. Weinstraße**
Einwohner: **53 700**
Bundesland: **Rheinland-Pfalz**

NWM

Landkreis: **Nordwestmecklenburg**
Einwohner: **117 800**
Kreisstadt: **Grevesmühlen**
Bundesl.: **Mecklenburg-Vorpommern**

Mecklenburg-Vorpommern

Rheinland-Pfalz

Bayern

! Kennst du die längste deutsche Autobahn? Es ist die A 7 von Flensburg nach Füssen im Landkreis Ostallgäu.

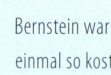

Bernstein war einmal so kostbar wie Gold. In Ribnitz-Damgarten im Landkreis Nordvorpommern kannst du mehr darüber erfahren.

OA

Landkreis: **Oberallgäu**
Einwohner: **150 400**
Kreisstadt: **Sonthofen**
Bundesland: **Bayern**

"Es regnet ...!"
Balderschwang im Oberallgäu ist der Ort mit
den meisten Niederschlägen in Deutschland.

Kennst du ein richtiges Märchenschloss?

In Bayern gibt es viele Burgen und Schlösser. Nahe der Stadt Füssen im Ostallgäu steht zum Beispiel das weltbekannte Schloss Neuschwanstein. Das Schloss thront hoch auf einem steilen Felsen. Mit seinen spitzen Türmchen, Zinnen und Erkern sieht es wirklich wie ein richtiges Märchenschloss aus! Der menschenscheue König Ludwig II. ließ es zwischen 1869 und 1886 erbauen, um sich aus der Öffentlichkeit zurückzuziehen. Und doch wohnte er gerade einmal 172 Tage dort.

OAL

Landkreis: **Ostallgäu**
Einwohner: **134 800**
Kreisstadt: **Marktoberdorf**
Bundesland: **Bayern**

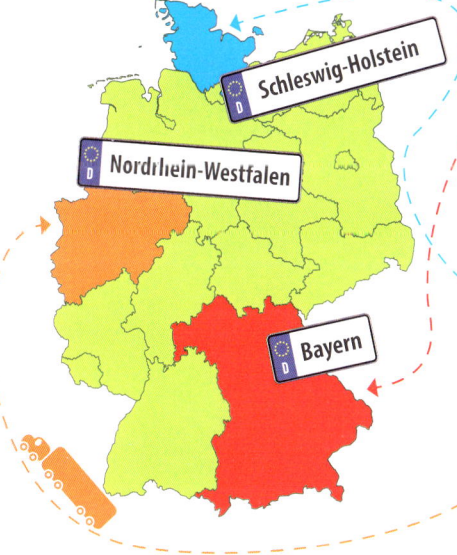

Schleswig-Holstein

Nordrhein-Westfalen

Bayern

OB

Stadt: **Oberhausen**
Einwohner: **215 600**
Bundesland: **Nordrhein-Westfalen**

O

OD

Landkreis: **Stormarn**
Einwohner: **227 200**
Kreisstadt: **Bad Oldesloe**
Bundesland: **Schleswig-Holstein**

OE

Landkreis: **Olpe**
Einwohner: **140 500**
Kreisstadt: **Olpe**
Bundesland: **Nordrhein-Westfalen**

OF

Stadt und Landkreis: **Offenbach**
Einwohner: **456 100**
Kreisstadt: **Dietzenbach**
Bundesland: **Hessen**

OG

Landkreis: **Ortenaukreis**
Einwohner: **417 600**
Kreisstadt: **Offenburg**
Bundesland: **Baden-Württemberg**

O

OH

Landkreis: **Ostholstein**
Einwohner: **205 900**
Kreisstadt: **Eutin**
Bundesland: **Schleswig-Holstein**

Willst du Karl May unter freiem Himmel erleben?

Bist du ein Fan von Karl-May-Büchern und Verfilmungen? Es gibt auch tolle Karl-May-Aufführungen unter freiem Himmel! Inzwischen führen zahlreiche Bühnen die Geschichten um Winnetou und Old Shatterhand auf. Auch in Lennestädter Ortsteil Elspe im Landkreis Olpe wird alljährlich Karl May in Szene gesetzt. Dann jagen aufwändig kostümierte Schauspieler auf Pferden über die große Naturbühne. Und auch im Publikum sitzen zahlreiche kleine Indianer mit Kopfschmuck.

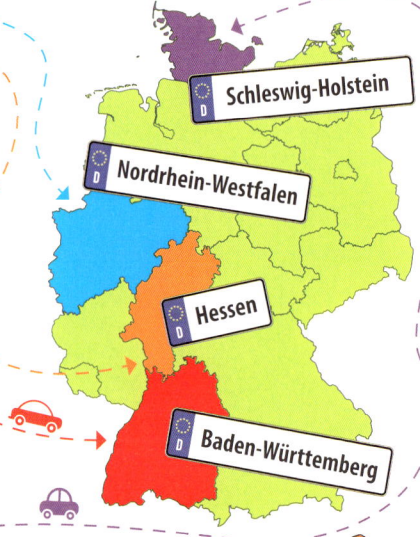

Schleswig-Holstein

Nordrhein-Westfalen

Hessen

Baden-Württemberg

Willkommen im Zauberland: Die Attahöhle in Attendorn bei Olpe ist Deutschlands größte Tropfsteinhöhle.

Eine Eiche in Eutin ist weltweit der einzige Baum mit eigener Postanschrift. Sie erhält mehrere Briefe täglich!

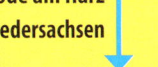

OHA

Landkreis: **Osterode am Harz**
Einwohner: **79 300**
Kreisstadt: **Osterode am Harz**
Bundesland: **Niedersachsen**

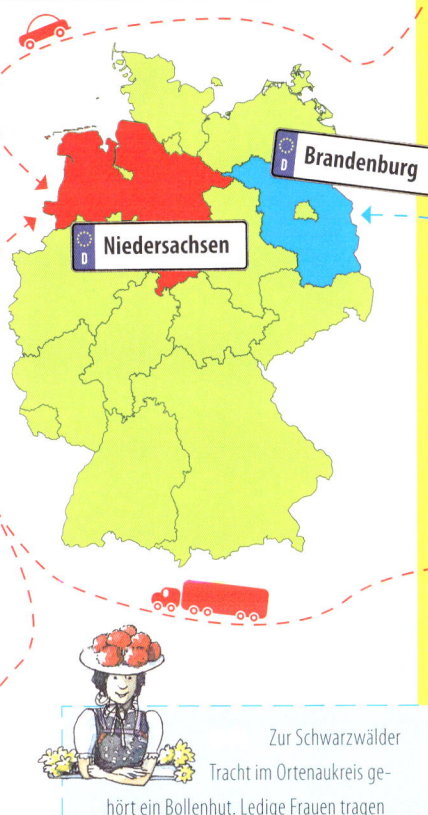

Brandenburg

Niedersachsen

OHV

Landkreis: **Oberhavel**
Einwohner: **202 200**
Kreisstadt: **Oranienburg**
Bundesland: **Brandenburg**

OHZ

Landkreis: **Osterholz**
Einwohner: **112 700**
Kreisstadt: **Osterholz-Scharmbeck**
Bundesland: **Niedersachsen**

Zur Schwarzwälder Tracht im Ortenaukreis gehört ein Bollenhut. Ledige Frauen tragen rote, verheiratete schwarze Bollen.

O

OL

Stadt und Landkreis: **Oldenburg**
Einwohner: **286 200**
Kreisstadt: **Wildeshausen**
Bundesland: **Niedersachsen**

OPR

Landkreis: **Ostprignitz-Ruppin**
Einwohner: **104 800**
Kreisstadt: **Neuruppin**
Bundesland: **Brandenburg**

In der Altstadt von Potsdam steht das Schloss Sanssouci. Aus dem Park dringt das Plätschern der vielen Brunnen.

OS

Stadt und Landkreis: **Osnabrück**
Einwohner: **521 500**
Bundesland: **Niedersachsen**

Mecklenburg-Vorpommern

Niedersachsen

Brandenburg

OSL

Landkreis: **Oberspreewald-Lausitz**
Einwohner: **125 200**
Kreisstadt: **Senftenberg**
Bundesland: **Brandenburg**

OVP

Landkreis: **Ostvorpommern**
Einwohner: **106 800**
Kreisstadt: **Anklam**
Bundesl.: **Mecklenburg-Vorpommern**

Zinnowitz im Landkreis Ostvorpommern liegt im sonnenreichsten Winkel Deutschlands.

Wo kannst du einen Blick hinter die Kulissen werfen?

Der Filmpark Babelsberg in Potsdam entführt dich in die spannende und glitzernde Welt von Kino und Fernsehen. Hier kannst du einen Blick hinter die Kulissen werfen und Schauspielern und Stuntmen bei der Arbeit zuschauen. In dem Filmpark werden schon seit fast 100 Jahren Filme gedreht. Am Anfang waren das noch Filme ohne Ton, etwa der legendäre Stummfilm Metropolis. Heute entstehen in der Potsdamer Traumfabrik unter anderem viele beliebte Fernsehserien.

Brandenburg

Bayern

Passau liegt am Zusammenfluss von Donau, Inn und Ilz und wird deshalb auch „Dreiflüssestadt" genannt.

Stadt: **Potsdam**
Einwohner: **152 900**
Bundesland: **Brandenburg**

Stadt und Landkreis: **Passau**
Einwohner: **238 700**
Bundesland: **Bayern**

Landkreis: **Pfaffenhofen a. d. Ilm**
Einwohner: **116 700**
Kreisstadt: **Pfaffenhofen a. d. Ilm**
Bundesland: **Bayern**

Landkreis: **Rottal-Inn**
Einwohner: **118 600**
Kreisstadt: **Pfarrkirchen**
Bundesland: **Bayern**

P

PB

Landkreis: **Paderborn**
Einwohner: **298 700**
Kreisstadt: **Paderborn**
Bundesland: **Nordrhein-Westfalen**

PCH

Landkreis: **Parchim**
Einwohner: **98 300**
Kreisstadt: **Parchim**
Bundesl.: **Mecklenburg-Vorpommern**

PE

Landkreis: **Peine**
Einwohner: **132 600**
Kreisstadt: **Peine**
Bundesland: **Niedersachsen**

PF

Stadt: **Pforzheim**
Landkreis: **Enzkreis**
Einwohner: **315 000**
Kreisstadt: **Pforzheim**
Bundesland: **Baden-Württemberg**

In Paderborn entspringt der kürzeste Fluss Deutschlands, die Pader. Sie ist nur 4 km lang.

Mecklenburg-Vorpommern

Niedersachsen

Nordrhein-Westfalen

Baden-Württemberg

Wo werden süße Träume wahr?

Alle Naschkatzen aufgepasst: In Peine gibt es ein Schokoladenmuseum! Dort wird die Geschichte des Kakaos dargestellt. Außerdem können die Besucher in einer gläsernen Fabrik erleben, wie Pralinen und Schokolade hergestellt werden. Es gibt einen tollen Schoko-Vulkan, der tatsächlich Schokolade ausspuckt. Natürlich kann man die dunkelbraune Köstlichkeit auch probieren. Aber pass bloß auf, dass du dieses „süße Museum" nicht mit Bauchweh verlässt!

P

Mitten in der Nordsee liegt Helgoland, Deutschlands einzige Insel im offenen Meer. Sie gehört zum Landkreis Pinneberg.

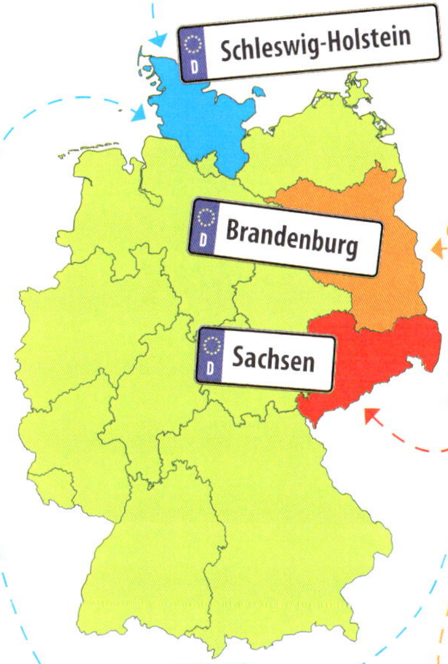

Landkreis: **Pinneberg**
Einwohner: **301 500**
Kreisstadt: **Pinneberg**
Bundesland: **Schleswig-Holstein**

Schleswig-Holstein

Brandenburg

Sachsen

Landkreis: **Sächsische Schweiz-Osterzgebirge**
Einwohner: **255 400**
Kreisstadt: **Pirna**
Bundesland: **Sachsen**

Landkreis: **Plön**
Einwohner: **135 600**
Kreisstadt: **Plön**
Bundesland: **Schleswig-Holstein**

P

Zahlreiche Seen in und um Plön laden zum Paddeln, Schwimmen, Surfen und Segeln ein.

Landkreis: **Potsdam-Mittelmark**
Einwohner: **204 200**
Kreisstadt: **Belzig**
Bundesland: **Brandenburg**

Die Brandenburger sind stolz auf ihre Störche. Schließlich ist Brandenburg auch das storchenreichste Bundesland!

PR

Landkreis: **Prignitz**
Einwohner: **84 300**
Kreisstadt: **Perleberg**
Bundesland: **Brandenburg**

PS

Stadt: **Pirmasens**
Landkreis: **Südwestpfalz**
Einwohner: **141 800**
Bundesland: **Rheinland-Pfalz**

R

Stadt und Landkreis: **Regensburg**
Einwohner: **316 300**
Bundesland: **Bayern**

RA

Landkreis: **Rastatt**
Einwohner: **227 100**
Kreisstadt: **Rastatt**
Bundesland: **Baden-Württemberg**

Brandenburg

Rheinland-Pfalz

Bayern

Baden-Württemberg

Wie sah Deutschland im Mittelalter aus?

Regensburg ist eine der ältesten Städte in Deutschland. Im Mittelalter war Regensburg eine Weltstadt. Wenn du heute dort durch die engen Gassen schlenderst, erlebst du eine spannende Zeitreise zurück in die Vergangenheit. Dass in Regensburg so viele mittelalterliche Gebäude erhalten sind, liegt daran, dass die Stadt im Zweiten Weltkrieg kaum zerstört wurde. Kein Wunder, dass Regensburgs Altstadt in die Welterbeliste der UNESCO aufgenommen wurde.

Der Nord-Ostsee-Kanal bei Rendsburg ist die meist befahrene Wasserstraße der Welt. Er wird täglich von über 100 Schiffen genutzt.

Schleswig-Holstein

Nordrhein-Westfalen

Bayern

Einmal im Jahr finden in Recklinghausen die Ruhrfestspiele statt, die Jung und Alt gleichermaßen begeistern.

RD

Landkreis: **Rendsburg-Eckernförde**
Einwohner: **271 100**
Kreisstadt: **Rendsburg**
Bundesland: **Schleswig-Holstein**

RE

Landkreis: **Recklinghausen**
Einwohner: **636 100**
Kreisstadt: **Recklinghausen**
Bundesland: **Nordrhein-Westfalen**

REG

Landkreis: **Regen**
Einwohner: **79 700**
Kreisstadt: **Regen**
Bundesland: **Bayern**

R

RH

Landkreis: **Roth**
Einwohner: **124 800**
Kreisstadt: **Roth**
Bundesland: **Bayern**

RO

Stadt und Landkreis: **Rosenheim**
Einwohner: **308 900**
Bundesland: **Bayern**

Vor 20 000 Jahren war in der Bärenhöhle bei Erpfingen im Landkreis Reutlingen viel los: Dort lebten Bären, Nashörner und Höhlenlöwen.

ROW

Landkreis: **Rotenburg (Wümme)**
Einwohner: **164 700**
Kreisstadt: **Rotenburg (Wümme)**
Bundesland: **Niedersachsen**

Niedersachsen

Nordrhein-Westfalen

Rheinland-Pfalz

Bayern

RP

Landkreis: **Rhein-Pfalz-Kreis**
Einwohner: **148 900**
Kreisstadt: **Ludwigshafen am Rhein**
Bundesland: **Rheinland-Pfalz**

RS

Stadt: **Remscheid**
Einwohner: **112 600**
Bundesland: **Nordrhein-Westfalen**

Rügen ist Deutschlands größte Insel. Dort befindet sich zum Beispiel die bekannte Seebrücke Sellin.

Ravensburg ist die „Stadt der Spiele". Aus Ravensburg kommen viele bekannte Brett- und Kartenspiele.

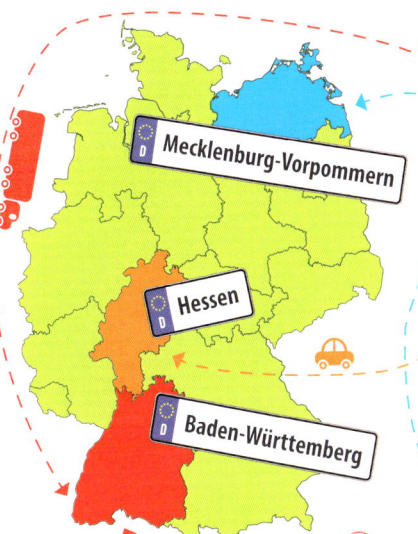

Mecklenburg-Vorpommern

Hessen

Baden-Württemberg

Kennst du den Seeräuber Klaus Störtebeker?

Das war ein Pirat, der zwischen 1390 und 1401 sein Unwesen auf der Nord- und Ostsee trieb. Er wird auch „Robin Hood der Ostsee" genannt, weil er angeblich den Reichen nahm und den Armen gab. Um Störtebeker ranken sich viele Sagen. So soll er zum Beispiel Hufeisen mit bloßen Händen gebogen haben. In Ralswiek auf Rügen hat der Pirat einen seiner Schlupfwinkel besessen. Jedes Jahr finden auf der Freilichtbühne von Ralswiek die Störtebeker Festspiele statt.

Landkreis: **Reutlingen**
Einwohner: **281 000**
Kreisstadt: **Reutlingen**
Bundesland: **Baden-Württemberg**

Landkreis: **Rheingau-Taunus-Kreis**
Einwohner: **183 500**
Kreisstadt: **Bad Schwalbach**
Bundesland: **Hessen**

Landkreis: **Rügen**
Einwohner: **68 800**
Kreisstadt: **Bergen auf Rügen**
Bundesl.: **Mecklenburg-Vorpommern**

R

Landkreis: **Ravensburg**
Einwohner: **276 400**
Kreisstadt: **Ravensburg**
Bundesland: **Baden-Württemberg**

RW

Landkreis: **Rottweil**
Einwohner: **141 000**
Kreisstadt: **Rottweil**
Bundesland: **Baden-Württemberg**

RZ

Landkreis: **Herzogtum Lauenburg**
Einwohner: **186 400**
Kreisstadt: **Ratzeburg**
Bundesland: **Schleswig-Holstein**

S

Stadt: **Stuttgart**
Einwohner: **600 000**
Bundesland: **Baden-Württemberg**

SAD

Landkreis: **Schwandorf**
Einwohner: **143 300**
Kreisstadt: **Schwandorf**
Bundesland: **Bayern**

Wo springen die Narren durch die Gassen?

Die Stadt Rottweil ist bekannt für ihre Fastnacht. Höhepunkte der „Rottweiler Fasnet" sind die Narrensprünge, die „Fasnetumzüge". Wer die Sprünge sehen will, muss früh aufstehen. Am Fasnetmontag beginnt um 8 Uhr am Schwarzen Tor der erste Narrensprung. Zahlreiche Narren und Närrinnen tanzen dann in prächtigen Kostümen und Masken durch die Straßen. Am Fasnetdienstag startet der zweite Narrensprung, und am Aschermittwoch endet – wie überall – die närrische Zeit.

Schleswig-Holstein

Baden-Württemberg

Bayern

Baden-Württemberg gilt als das Land der Denker, Tüftler und Erfinder. Hier wurde auch das Automobil erfunden.

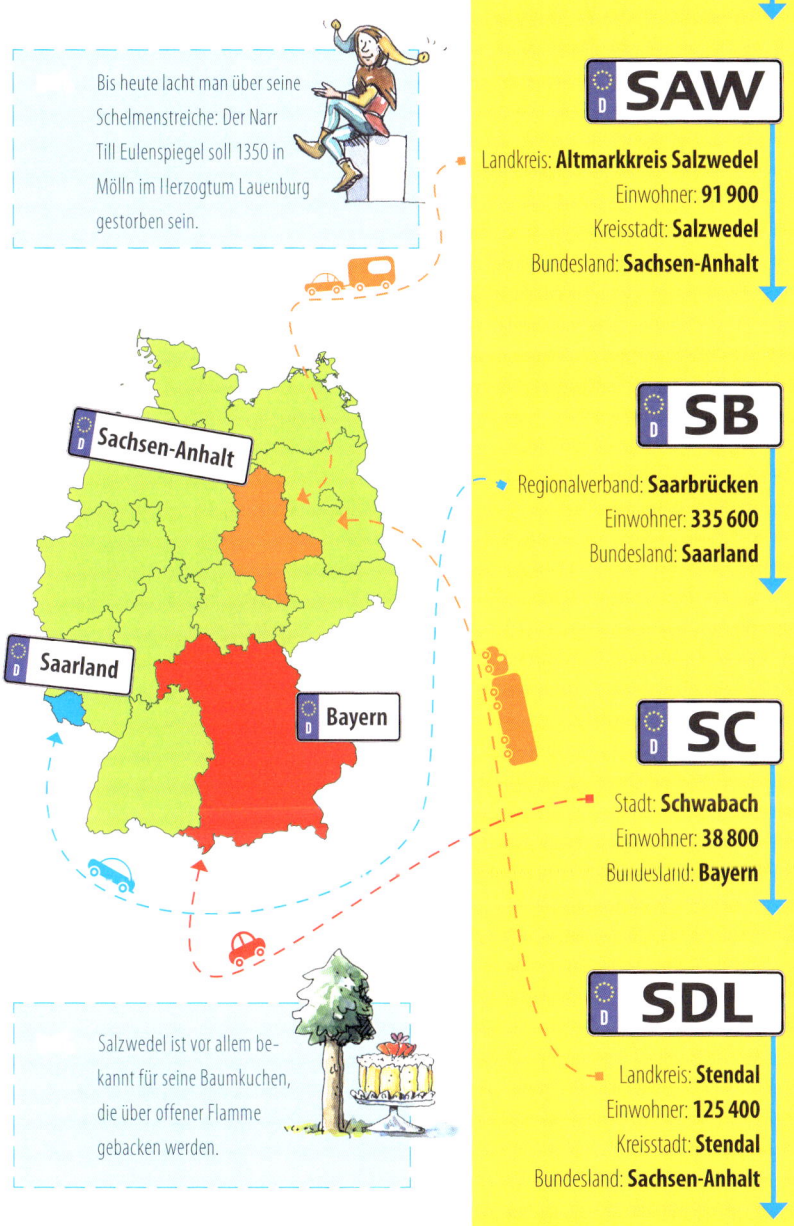

Bis heute lacht man über seine Schelmenstreiche: Der Narr Till Eulenspiegel soll 1350 in Mölln im Herzogtum Lauenburg gestorben sein.

SAW

Landkreis: **Altmarkkreis Salzwedel**
Einwohner: **91 900**
Kreisstadt: **Salzwedel**
Bundesland: **Sachsen-Anhalt**

SB

Regionalverband: **Saarbrücken**
Einwohner: **335 600**
Bundesland: **Saarland**

Sachsen-Anhalt

Saarland

Bayern

SC

Stadt: **Schwabach**
Einwohner: **38 800**
Bundesland: **Bayern**

Salzwedel ist vor allem bekannt für seine Baumkuchen, die über offener Flamme gebacken werden.

SDL

Landkreis: **Stendal**
Einwohner: **125 400**
Kreisstadt: **Stendal**
Bundesland: **Sachsen-Anhalt**

S

SE

D

Landkreis: **Segeberg**
Einwohner: **257 900**
Kreisstadt: **Bad Segeberg**
Bundesland: **Schleswig-Holstein**

SFA

D

Landkreis: **Soltau-Fallingbostel**
Einwohner: **140 800**
Kreisstadt: **Bad Fallingbostel**
Bundesland: **Niedersachsen**

SG

D

Stadt: **Solingen**
Einwohner: **161 700**
Bundesland: **Nordrhein-Westfalen**

SHA

D

Landkreis: **Schwäbisch Hall**
Einwohner: **189 600**
Kreisstadt: **Schwäbisch Hall**
Bundesland: **Baden-Württemberg**

Nordrhein-Westfalen ist mit rund 18 Millionen Einwohnern das bevölkerungsreichste deutsche Bundesland.

Schleswig-Holstein

D

Niedersachsen

D

Nordrhein-Westfalen

D

Baden-Württemberg

D

Der Heide-Park in Soltau ist Norddeutschlands größter Freizeit- und Familienpark.

Die Stadt Suhl liegt am Rennsteig. Das ist ein 168 km langer Wanderweg über den Kamm des Thüringer Waldes.

S

86

Bist du genauso frech wie Max und Moritz?

Wer kennt nicht die lustigen Streiche von Max und Moritz oder die Abenteuer des frechen Affen Fipps? Geschaffen wurden diese Figuren von Wilhelm Busch. Geboren wurde Busch 1832 in Wiedensahl. In dem kleinen Örtchen im Landkreis Schaumburg verbrachte er auch mehr als vierzig Jahre seines Lebens. Hier konnte Busch ganz in Ruhe malen, dichten und zeichnen. In Wiedensahl entstanden viele seiner berühmten Bildergeschichten. Heute ist in seinem Geburtshaus ein Museum eingerichtet.

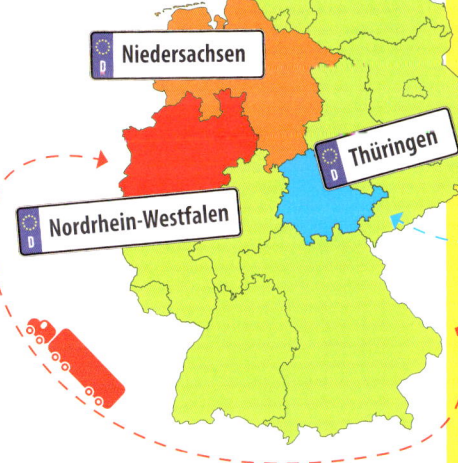

Niedersachsen

Thüringen

Nordrhein-Westfalen

SHG

Landkreis: **Schaumburg**
Einwohner: **162 900**
Kreisstadt: **Stadthagen**
Bundesland: **Niedersachsen**

SHK

Landkreis: **Saale-Holzland-Kreis**
Einwohner: **88 200**
Kreisstadt: **Eisenberg**
Bundesland: **Thüringen**

SHL

Stadt: **Suhl**
Einwohner: **40 100**
Bundesland: **Thüringen**

SI

Landkreis: **Siegen-Wittgenstein**
Einwohner: **286 300**
Kreisstadt: **Siegen**
Bundesland: **Nordrhein-Westfalen**

S

SIG

Landkreis: **Sigmaringen**
Einwohner: **131 700**
Kreisstadt: **Sigmaringen**
Bundesland: **Baden-Württemberg**

SIM

Landkreis: **Rhein-Hunsrück-Kreis**
Einwohner: **103 600**
Kreisstadt: **Simmern/Hunsrück**
Bundesland: **Rheinland-Pfalz**

SK

Landkreis: **Saalekreis**
Einwohner: **201 200**
Kreisstadt: **Merseburg**
Bundesland: **Sachsen-Anhalt**

SL

Landkreis: **Schleswig-Flensburg**
Einwohner: **198 600**
Kreisstadt: **Schleswig**
Bundesland: **Schleswig-Holstein**

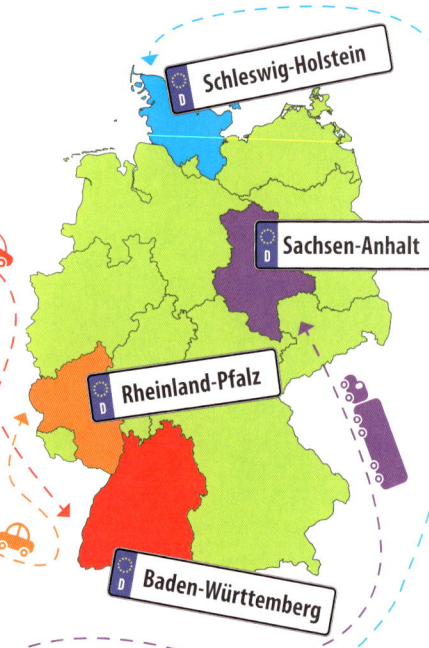

Schleswig-Holstein

Sachsen-Anhalt

Rheinland-Pfalz

Baden-Württemberg

Boppard im Rhein-Huns-
rück-Kreis liegt an der
größten Rheinschleife Europas. In dieser Region
wird seit 2000 Jahren Wein angebaut.

Im Wikingermuseum
Haithabu in Schleswig er-
fährst du, wie die Wikinger
wirklich gelebt haben.

Welch eine Farben-
pracht! Die Saal-
felder Feengrotten sind die farbenreichsten
Schaugrotten der Welt.

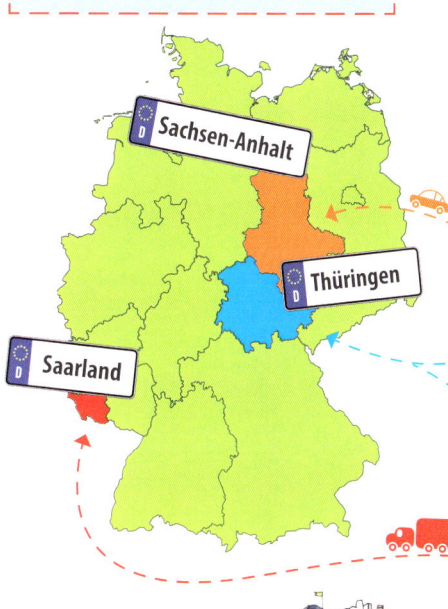

Sachsen-Anhalt

Thüringen

Saarland

SLF

Landkreis: **Saalfeld-Rudolstadt**
Einwohner: **119 800**
Kreisstadt: **Saalfeld**
Bundesland: **Thüringen**

SLK

Landkreis: **Salzlandkreis**
Einwohner: **215 600**
Kreisstadt: **Bernburg (Saale)**
Bundesland: **Sachsen-Anhalt**

SLS

Landkreis: **Saarlouis**
Einwohner: **206 200**
Kreisstadt: **Saarlouis**
Bundesland: **Saarland**

S

SM

Landkreis: **Schmalkalden-Meiningen**
Einwohner: **132 800**
Kreisstadt: **Meiningen**
Bundesland: **Thüringen**

Wie kam die Teufelsburg zu ihrem Namen?

Eigentlich heißt die Teufelsburg bei Saarlouis Burg
Neufelsberg. Sie wurde Ende des 13. Jahrhunderts
erbaut. Du kannst sie besichtigen und dich in
die Ritterzeit zurückversetzen lassen. Auf der
weitläufigen Anlage gibt es einiges zu entdecken:
Wehrgänge, Vorratskeller, Stallungen und natürlich
das Burgverlies. Der Sage nach soll ein Ritter der
Burg vor einem Kampf dem Teufel seine Seele ver-
kauft haben. Noch heute ist manchmal sein Schreien
zu hören, wenn er in die Hölle fährt.

89

Zahlen- und RateSPIELE

Beim Rechnen, Tüfteln und Kombinieren vergeht die Zeit ratzfatz!

Bist du ein RECHENKÖNIG?

Wer von euch rechnet am schnellsten die Zahlen auf den Kennzeichen der vorbeifahrenden Autos zusammen? Für absolute Rechenprofis: Multipliziert die Zahlen auf den Kennzeichen! Ihr könnt auch die Zahlenreihen logisch fortsetzen. Das ist häufig ganz schön knifflig!

AUTOMARKEN RATEN

Welche Automarken kennt ihr? Ist das nun ein Mercedes, ein VW oder ein Audi, der euch gerade überholt? Wer zuerst zehn Automarken richtig bestimmt hat, hat gewonnen. Ihr könnt dieses Spiel auch abwandeln: Jeder sucht sich eine Automarke aus und schätzt, wie viele davon in den nächsten fünf Minuten gesehen werden.

Autonummern-BINGO

Bingo ist eine Art Lottospiel. Jeder Spieler braucht einen Stift und ein Blatt Papier. Auf das Blatt schreibt ihr zweistellige Zahlen. Einigt euch vorher auf die Anzahl, zum Beispiel 24. Ein Spielleiter verkündet nun die letzten zwei Zahlen auf den Nummernschildern der vorbeifahrenden Autos. Wer diese Zahlen hat, streicht sie auf seinem Blatt durch. Gewinner ist, wer zuerst alle Zahlen abgehakt hat. Aber nur, wenn er beim letzten Abhaken laut „Bingo" ruft!

SUDOKU

	2				8	3		1
8	9	1		4		2		
	5		1	6	2		8	
2		7		9	4			
	3	5	7	2		9		
			8			5	2	7
1	4			8	5			
		8			3		9	4
3			4		9		5	

WIE WEIT?

Der Fahrer sagt beispielsweise: „3 Kilometer ab jetzt!" Alle Mitspieler tippen (natürlich ohne auf den Kilometerzähler zu schauen), wann die vorgegebenen Kilometer erreicht sind. Der Fahrer sagt am Ende, wer von euch am besten getippt hat. Ihr könnt auch schätzen, wie weit es noch bis zu einer Baustelle, einer Brücke, einem Turm oder einem Verkehrsschild ist.

WOHER kommt DER denn?

Während der Autofahrt seht ihr viele Autokennzeichen. Könnt ihr die Abkürzungen auf den Nummernschildern richtig bestimmen? B und F sind noch ziemlich leicht, aber welche Stadt verbirgt sich hinter HH oder MD? Ein Juror schlägt die Autokennzeichen im Buch nach und verteilt die Siegerpunkte.

PANTOMIME

Reihum stellt ihr Berufe (oder Tiere, andere Personen, bekannte Lieder) pantomimisch dar. Wer errät zuerst den gesuchten Begriff?

Das Schweriner Schloss liegt auf einer kleinen Insel mitten im Schweriner See.

SN

Stadt: **Schwerin**
Einwohner: **95 500**
Bundesl.: **Mecklenburg-Vorpommern**

SO

Landkreis: **Soest**
Einwohner: **306 100**
Kreisstadt: **Soest**
Bundesland: **Nordrhein-Westfalen**

SOK

Landkreis: **Saale-Orla-Kreis**
Einwohner: **89 800**
Kreisstadt: **Schleiz**
Bundesland: **Thüringen**

S

SÖM

Landkreis: **Sömmerda**
Einwohner: **74 300**
Kreisstadt: **Sömmerda**
Bundesland: **Thüringen**

Nordrhein-Westfalen

Mecklenburg-Vorpommer

Thüringen

Wo kannst du Glasbläsern bei der Arbeit zuschauen?

Seit Jahrhunderten wird im Thüringer Wald Glas hergestellt. In vielen Orten kannst du Glasbläsern bei ihrer Arbeit zuschauen, etwa in Lauscha im Landkreis Sonneberg. Hier wird sogar im Sommer wunderschöner Weihnachtsschmuck gefertigt. Der gläserne Christbaumschmuck soll in Lauscha von einem armen Glasbläser erfunden worden sein. Er konnte sich „richtige" Äpfel und Nüsse nicht leisten. So fertigte er Früchte aus Glas, malte sie bunt an und hängte sie dann an seinen Weihnachtsbaum.

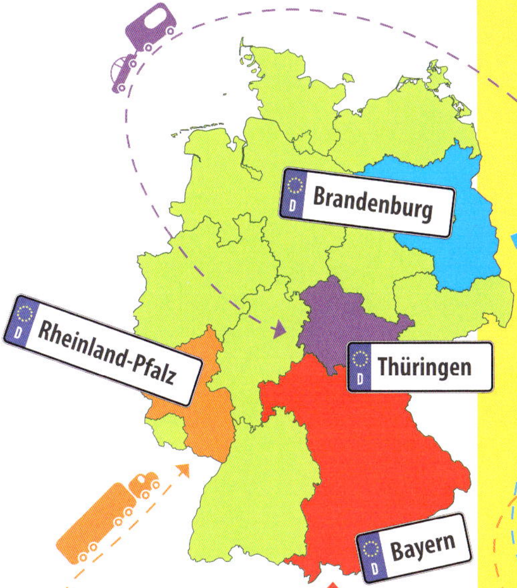

SON

♦ Landkreis: **Sonneberg**
Einwohner: **61 300**
Kreisstadt: **Sonneberg**
Bundesland: **Thüringen**

Brandenburg

Rheinland-Pfalz

Thüringen

Bayern

SP

♦ Stadt: **Speyer**
Einwohner: **49 900**
Bundesland: **Rheinland-Pfalz**

! Der Dom zu Speyer ist die größte erhaltene romanische Kirche in Europa. Er wurde im 11. Jahrhundert gebaut.

SPN

♦ Landkreis: **Spree-Neiße**
Einwohner: **130 600**
Kreisstadt: **Forst (Lausitz)**
Bundesland: **Brandenburg**

SR

♦ Stadt: **Straubing**
Landkreis: **Straubing-Bogen**
Einwohner: **142 500**
Kreisstadt: **Straubing**
Bundesland: **Bayern**

Wenn du den Spree-wald im Landkreis Spree-Neiße erobern willst, schnappst du dir am besten ein Kanu und paddelst los!

S

ST

Landkreis: **Steinfurt**
Einwohner: **444 200**
Kreisstadt: **Steinfurt**
Bundesland: **Nordrhein-Westfalen**

STA

Landkreis: **Starnberg**
Einwohner: **129 800**
Kreisstadt: **Starnberg**
Bundesland: **Bayern**

STD

Landkreis: **Stade**
Einwohner: **196 800**
Kreisstadt: **Stade**
Bundesland: **Niedersachsen**

SU

Landkreis: **Rhein-Sieg-Kreis**
Einwohner: **597 900**
Kreisstadt: **Siegburg**
Bundesland: **Nordrhein-Westfalen**

Wer war schneller: der Hase oder der Igel?

Buxtehude im Landkreis Stade ist als Märchenstadt bekannt. Hier spielt nämlich die Geschichte vom Wettlauf zwischen Hase und Igel. Bestimmt kennst du diese Fabel: Der Hase rennt und rennt, doch der Igel ist immer schon vor ihm da. Was für eine Blamage für den Hasen. Er merkt nicht, dass er von dem Igelpärchen ausgetrickst wird. Die Fabel zeigt, dass blindes Drauflosstürmen nicht unbedingt zum Sieg verhilft. Viel wichtiger sind gute Ideen!

Niedersachsen

Nordrhein-Westfalen

Bayern

Der längste Fluss Deutschlands ist der Rhein mit einer Gesamtlänge von 1320 km (davon 865 km in Deutschland). Er fließt zum Beispiel durch den Rhein-Sieg-Kreis.

Bei der Schweinfurter Schlachtschüssel wird das Fleisch in Stücke zerteilt und auf einem Holz‑brett serviert.

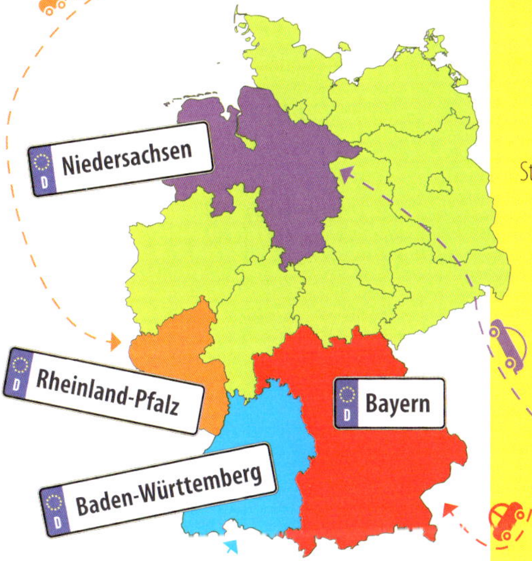

Niedersachsen

Rheinland-Pfalz

Bayern

Baden-Württemberg

Die Stadt Tauberbischofsheim ist durch ihre herausragenden Erfolge im Fechtsport weltbekannt.

SÜW

Landkreis: **Südliche Weinstraße**
Einwohner: **109 600**
Kreisstadt: **Landau i. d. Pfalz**
Bundesland: **Rheinland-Pfalz**

SW

Stadt und Landkreis: **Schweinfurt**
Einwohner: **167 600**
Bundesland: **Bayern**

SZ

Stadt: **Salzgitter**
Einwohner: **104 400**
Bundesland: **Niedersachsen**

TBB

Landkreis: **Main-Tauber-Kreis**
Einwohner: **134 900**
Kreisstadt: **Tauberbischofsheim**
Bundesland: **Baden-Württemberg**

S
T

95

TDO

Landkreis: **Nordsachsen**
Einwohner: **211 300**
Kreisstadt: **Torgau**
Bundesland: **Sachsen**

TF

Landkreis: **Teltow-Fläming**
Einwohner: **161 900**
Kreisstadt: **Luckenwalde**
Bundesland: **Brandenburg**

TIR

Landkreis: **Tirschenreuth**
Einwohner: **75 900**
Kreisstadt: **Tirschenreuth**
Bundesland: **Bayern**

TÖL

Landkreis: **Bad Tölz-Wolfratshausen**
Einwohner: **120 600**
Kreisstadt: **Bad Tölz**
Bundesland: **Bayern**

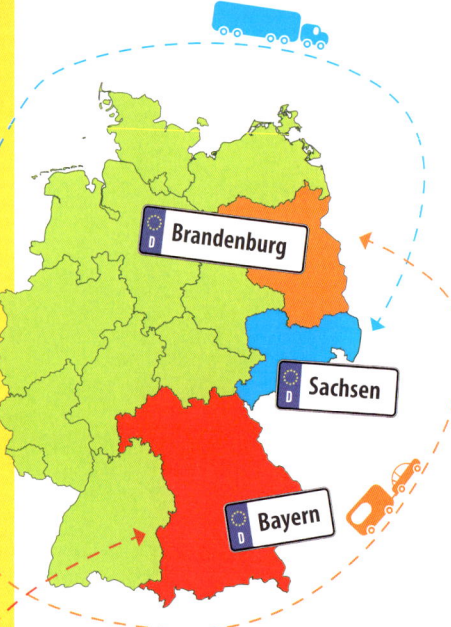

Brandenburg

Sachsen

Bayern

Wo fühlst du dich wie in 1001 Nacht?

Kamele sind Wüsten-
tiere. Sie können tagelang ohne Wasser auskommen.
In der arabischen Welt haben Kamelrennen eine lange
Tradition. Doch was machen die Höckertiere im oberbay-
erischen Siegsdorf im Landkreis Traunstein? Hier fand
im August 2004 das „1. Internationale Oberbayerische
Kamelrennen" statt. Auch in anderen deutschen Städten
wie Berlin, Magdeburg oder Dresden konnte man schon
Kamele über die Rennbahn galoppieren sehen.

Die Stadt Trier
wurde vor mehr
als 2000 Jahren gegründet. Sie gilt als
älteste Stadt Deutschlands.

Im Landkreis Traunstein liegen bekannte Wintersportgebiete wie Reit im Winkl, Ruhpolding und Inzell.

Rheinland-Pfalz

Baden-Württemberg

Bayern

In Venedig gibt es Gondeln, in Tübingen Stocherkähne. Sie werden mit langen Stangen vorwärts bewegt.

TR
Stadt: **Trier**
Landkreis: **Trier-Saarburg**
Einwohner: **245 800**
Bundesland: **Rheinland-Pfalz**

TS
Landkreis: **Traunstein**
Einwohner: **170 900**
Kreisstadt: **Traunstein**
Bundesland: **Bayern**

TÜ
Landkreis: **Tübingen**
Einwohner: **218 700**
Kreisstadt: **Tübingen**
Bundesland: **Baden-Württemberg**

TUT
Landkreis: **Tuttlingen**
Einwohner: **135 200**
Kreisstadt: **Tuttlingen**
Bundesland: **Baden-Württemberg**

T

UE

Landkreis: **Uelzen**
Einwohner: **94 900**
Kreisstadt: **Uelzen**
Bundesland: **Niedersachsen**

UER

Landkreis: **Uecker-Randow**
Einwohner: **74 200**
Kreisstadt: **Pasewalk**
Bundesl.: **Mecklenburg-Vorpommern**

UH

Landkreis: **Unstrut-Hainich-Kreis**
Einwohner: **110 600**
Kreisstadt: **Mühlhausen**
Bundesland: **Thüringen**

UL

Stadt: **Ulm**
Landkreis: **Alb-Donau-Kreis**
Einwohner: **311 800**
Kreisstadt: **Ulm**
Bundesland: **Baden-Württemberg**

U

Der Uelzener Bahn-
hof ist wunderschön bunt. Gestaltet wurde
er vom Künstler Friedensreich Hundertwasser.

Niedersachsen

Mecklenburg-Vorpommern

Thüringen

Baden-Württemberg

Mit 161,5 m ist das
Ulmer Münster der
höchste Kirchturm der Welt.

Die Uckermark zeichnet
sich durch besonders
fruchtbare Böden aus.

Die Göltzschtalbrücke im Vogtlandkreis ist die längste Ziegelbrücke der Welt. Sie überspannt das Tal der Göltzsch.

UM
Landkreis: **Uckermark**
Einwohner: **132 800**
Kreisstadt: **Prenzlau**
Bundesland: **Brandenburg**

UN
Landkreis: **Unna**
Einwohner: **416 600**
Kreisstadt: **Unna**
Bundesland: **Nordrhein-Westfalen**

V
Landkreis: **Vogtlandkreis**
Einwohner: **250 200**
Kreisstadt: **Plauen**
Bundesland: **Sachsen**

VB
Landkreis: **Vogelsbergkreis**
Einwohner: **112 200**
Kreisstadt: **Lauterbach (Hessen)**
Bundesland: **Hessen**

Nordrhein-Westfalen

Brandenburg

Sachsen

Hessen

Gibt es auch in Deutschland Vulkane?

Ja. Der Vogelsberg im Bundesland Hessen ist der größte Vulkan Deutschlands. Keine Angst, gefährlich ist der Vogelsberg nicht mehr, denn er ist seit ungefähr zehn Millionen Jahren erloschen. Aus vielen Schloten und Spalten trat einst die glühende Lava hervor und türmte gewaltige Basaltmassen auf. Das kannst du noch heute gut erkennen. Der Vogelsberg ist ein Schildvulkan: Seine Form gleicht dem flachen Schild eines Kriegers.

U
V

VEC

Landkreis: **Vechta**
Einwohner: **134 500**
Kreisstadt: **Vechta**
Bundesland: **Niedersachsen**

VER

Landkreis: **Verden**
Einwohner: **134 000**
Kreisstadt: **Verden**
Bundesland: **Niedersachsen**

VIE

Landkreis: **Viersen**
Einwohner: **302 700**
Kreisstadt: **Viersen**
Bundesland: **Nordrhein-Westfalen**

VK

Stadt: **Völklingen**
Regionalverband: **Saarbrücken**
Einwohner: **40 100**
Bundesland: **Saarland**

Niedersachsen

Nordrhein-Westfalen

Saarland

Die Völklinger Hütte ist eine über einhundert Jahre alte ehemalige Eisenhütte. Heute ist sie ein Industriedenkmal.

Bei der Warendorfer Hengstparade werden jedes Jahr über einhundert Zuchthengste vorgestellt.

Ist wirklich ein Elefant mit der Wuppertaler Schwebebahn gefahren?

VS

Die Wuppertaler Schwebebahn fährt nicht auf Schienen, sondern hängt unter ihnen. Ende Juli 1950 bestieg tatsächlich ein Elefant die Schwebebahn. Er sollte Reklame für einen Zirkus machen. Doch bereits nach kurzer Fahrt hatte Tuffi den Rüssel gestrichen voll, sprang ins Freie und landete in der Wupper. Zum Glück kam der Elefant mit einer Schramme am Po glimpflich davon!

Landkreis: **Schwarzwald-Baar-Kreis**
Einwohner: **208 700**
Kreisstadt: **Villingen-Schwenningen**
Bundesland: **Baden-Württemberg**

W

Stadt: **Wuppertal**
Einwohner: **353 300**
Bundesland: **Nordrhein-Westfalen**

Nordrhein-Westfalen

Thüringen

Baden-Württemberg

WAF

Landkreis: **Warendorf**
Einwohner: **280 100**
Kreisstadt: **Warendorf**
Bundesland: **Nordrhein-Westfalen**

Wie im Urwald: Der Nationalpark Hainich im Wartburgkreis ist das größte zusammenhängende Laubwaldgebiet Deutschlands.

WAK

Landkreis: **Wartburgkreis**
Einwohner: **133 400**
Kreisstadt: **Bad Salzungen**
Bundesland: **Thüringen**

V
W

WB

Landkreis: **Wittenberg**
Einwohner: **140 800**
Kreisstadt: **Wittenberg**
Bundesland: **Sachsen-Anhalt**

An die Tür der Wittenberger Schloss-kirche soll der Reformator Martin Luther seine 95 Thesen genagelt haben.

WE

Stadt: **Weimar**
Einwohner: **64 900**
Bundesland: **Thüringen**

Nordrhein-Westfalen

Sachsen-Anha[lt]

Thüringen

Bayern

WEN

Stadt: **Weiden in der Oberpfalz**
Einwohner: **42 200**
Bundesland: **Bayern**

WES

Landkreis: **Wesel**
Einwohner: **472 100**
Kreisstadt: **Wesel**
Bundesland: **Nordrhein-Westfalen**

In Weimar haben früher viele große Dichter gelebt, zum Beispiel Goethe und Schiller.

W

Wo dreht sich (fast) alles um Hafen und Meer?

Wilhelmshaven ist eine Hafenstadt an der Nordsee. Klar, dass sich dort fast alles um das Meer dreht! In Wilhelmshaven gibt es zum Beispiel ein Marinemuseum, ein Wattenmeerhaus, ein großes Aquarium und sogar ein Piratenmuseum. Hier erfährst du so ziemlich alles über gefürchtete Piraten und geschickte Freibeuter. Wusstest du, dass Wilhelmshaven sogar einen Tiefwasserhafen hat?

Niedersachsen

Rheinland-Pfalz

Hessen

Lachen ist gesund! In Wiesbaden gibt es das Harlekinäum, das einzige Lachmuseum der Welt.

In Traben-Trarbach im Landkreis Bernkastel-Wittlich wurde 1955 die erste deutsche Minigolf-Anlage errichtet.

WF

Landkreis: **Wolfenbüttel**
Einwohner: **123 700**
Kreisstadt: **Wolfenbüttel**
Bundesland: **Niedersachsen**

WHV

Stadt: **Wilhelmshaven**
Einwohner: **81 400**
Bundesland: **Niedersachsen**

WI

Stadt: **Wiesbaden**
Einwohner: **276 700**
Bundesland: **Hessen**

WIL

Landkreis: **Bernkastel-Wittlich**
Einwohner: **112 400**
Kreisstadt: **Wittlich**
Bundesland: **Rheinland-Pfalz**

WL

Landkreis: **Harburg**
Einwohner: **244 600**
Kreisstadt: **Winsen (Luhe)**
Bundesland: **Niedersachsen**

WM

Landkreis: **Weilheim-Schongau**
Einwohner: **131 000**
Kreisstadt: **Weilheim**
Bundesland: **Bayern**

WN

Landkreis: **Rems-Murr-Kreis**
Einwohner: **416 200**
Kreisstadt: **Waiblingen**
Bundesland: **Baden-Württemberg**

WND

Landkreis: **St. Wendel**
Einwohner: **91 900**
Kreisstadt: **St. Wendel**
Bundesland: **Saarland**

Im Landkreis Weilheim-Schongau gibt es viele Klöster. Diese Region wird auch „Pfaffenwinkel" genannt.

Niedersachsen

Saarland

Baden-Württemberg

Bayern

Wolfsburg ist eine „Auto-stadt". Ohne das Volkswagen-werk gäbe es Wolfsburg gar nicht!

Wo liegt der sagenhafte Schatz der Nibelungen?

Das Nibelungenlied wurde um 1200 von einem unbekannten Dichter geschrieben. Es handelt von ruhmreichen Helden, von Treue und Verrat, von Liebeshochzeit und Brudermord. Glaubt man der Nibelungensage, so soll Hagen den riesigen Schatz der Nibelungen bei Worms in den Rhein geworfen haben. Unzählige Menschen sind schon nach ihm getaucht – doch noch immer fehlt jede Spur von dem Schatz! An der Wormser Rheinpromenade wurde ein Denkmal zu Ehren Hagens errichtet.

Stadt: **Worms**
Einwohner: **82 000**
Bundesland: **Rheinland-Pfalz**

Stadt: **Wolfsburg**
Einwohner: **121 000**
Bundesland: **Niedersachsen**

Niedersachsen

Rheinland-Pfalz

Baden-Württemberg

WST

Landkreis: **Ammerland**
Einwohner: **117 100**
Kreisstadt: **Westerstede**
Bundesland: **Niedersachsen**

Landkreis: **Waldshut**
Einwohner: **167 300**
Kreisstadt: **Waldshut-Tiengen**
Bundesland: **Baden-Württemberg**

VW ist seit vielen Jahren die meistverkaufte Automarke in Deutschland.

W

Wilhelm Conrad Röntgen entdeckte im Jahr 1895 in Würzburg die Röntgenstrahlen.

WTM

Landkreis: **Wittmund**
Einwohner: **57 500**
Kreisstadt: **Wittmund**
Bundesland: **Niedersachsen**

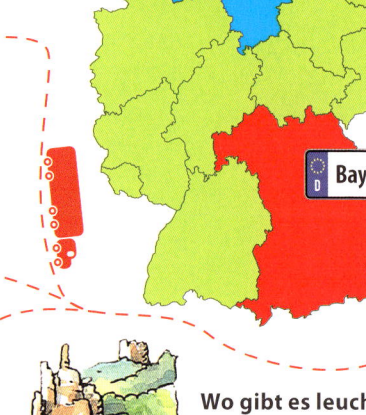

Niedersachsen

Bayern

WÜ

Stadt und Landkreis: **Würzburg**
Einwohner: **293 500**
Bundesland: **Bayern**

WUG

Landkreis: **Weißenburg-Gunzenhausen**
Einwohner: **93 000**
Kreisstadt: **Weißenburg**
Bundesland: **Bayern**

Wo gibt es leuchtendes Moos?

Bei Wunsiedel im Fichtelgebirge findest du ein tolles Felsenlabyrinth. Der Rundgang dauert etwa eine Stunde und führt über Stiegen, enge Grotten und riesige Felsblöcke. Es gibt mehrere Aussichtstürme, mitten auf Felsen natürlich! Die kleineren Felsen sind zum Klettern ideal. Dort wächst in vielen Ritzen Leuchtmoos. Es braucht nur ganz wenig Licht. Das nicht benötigte Licht wird reflektiert, so dass das Moos zu leuchten scheint. Bitte berühre diese seltene Pflanze nicht!

WUN

Landkreis: **Wunsiedel**
Einwohner: **78 400**
Kreisstadt: **Wunsiedel**
Bundesland: **Bayern**

W

WW

Landkreis: **Westerwaldkreis**
Einwohner: **200 800**
Kreisstadt: **Montabaur**
Bundesland: **Rheinland-Pfalz**

Sachsen

Rheinland-Pfalz

Z

Landkreis: **Zwickau**
Einwohner: **348 800**
Bundesland: **Sachsen**

ZW

Stadt: **Zweibrücken**
Einwohner: **34 500**
Bundesland: **Rheinland Pfalz**

Zwischen 1957
und 1991 wurden
in Zwickau mehr als
drei Millionen „Trabis" gebaut.

Zweibrücken ist die Stadt der
Rosen und Rosse. Hier werden
die „Zweibrücker Warmblüter"
gezüchtet.

W
XY
Z

DEUTSCHLAND

Ein bis drei Buchstaben geben an, aus welcher Stadt oder welchem Landkreis das Auto kommt. Je größer der Ort, desto weniger Buchstaben stehen hier.

Ein oder zwei Buchstaben je nach Wunsc[h]

DO NT 654

Ein bis vier Ziffe[rn]

Länderkennzeichen von Deutschland

Wappen eines der 16 Bundesländer

Die TÜV-Plakette zeigt an, wie lange das Auto „zugelassen" ist, also bis wann es im Straßenverkehr fahren darf.

Was bedeuten die Sterne?

Die Sterne und die blaue Hintergrundfarbe sind ein Symbol für die Europäische Union, kurz EU. Das ist ein Zusammenschluss von derzeit 27 Ländern. Die Schilder machen also deutlich, dass ein Auto aus einem Mitgliedsland der EU kommt. Die Schweiz ist übrigens kein EU-Mitglied – deshalb haben die Autoschilder dort auch keine Sterne.

Wann gab es die ersten Autokennzeichen?

Die ersten Nummernschilder gab es wahrscheinlich bei den alten Römern. Sie markierten ihre Streitwagen für Kriege und Gefechte. Später hatten die Kutschen der Engländer Nummerntafeln. In Deutschland tauchten im 19. Jahrhundert die ersten Fahrräder mit Schildern auf. Logisch, denn das Fahrrad war vor dem Auto da. Das erste deutsche Auto mit Kennzeichen gab es 1896 in Baden: Es trug eine einfache „1".

D

Länderkennzeichen von Deutschland

Die 1 zeigt an: In diesem Auto sitzt der deutsche Bundespräsident.

Wappen des Bundeslandes Berlin, denn hier arbeitet der Bundespräsident

0 - 1

Sterne der Europäischen Union (EU)

Auch das Auto eines Diplomaten braucht eine TÜV-Plakette, die anzeigt, bis wann es zugelassen ist.

Die 0 ist das Sonderkennzeichen für Diplomaten (also deutsche oder ausländische Politiker). Auch die Fahrzeuge der Bundespolizei und der Regierungen der Bundesländer haben solche Sonderkennzeichen.

0	Fahrzeuge mit Diplomatenausweis
0-1	Bundespräsident
0-2	Bundeskanzlerin
0-3	Bundesaußenminister
0-4	Erster Staatssekretär im Auswärtigen Amt
1-1	Bundestagspräsident

B	Landesbehörden von Berlin
BBL	Landesbehörden von Brandenburg
BD	Bundestag, Bundesrat, Bundespräsidialamt, alle Bundesministerien, Bundesverfassungsgericht
BP	Bundespolizei
BW	Wasser- und Schifffahrtsverwaltung des Bundes
BWL	Landesbehörden von Baden-Württemberg

Fortsetzung nächste Seite

Fortsetzung von Seite 109

BYL	Landesbehörden von Bayern
HB	Landesbehörden von Bremen
HEL	Landesbehörden von Hessen
HH	Landesbehörden von Hamburg
LSA	Landesbehörden von Sachsen-Anhalt
LSN	Landesbehörden von Sachsen
MVL	Landesbehörden von Mecklenburg-Vorpommern
NL	Landesbehörden von Niedersachsen
NRW	Landesbehörden von Nordrhein-Westfalen
RPL	Landesbehörden von Rheinland-Pfalz
SAL	Landesbehörden von Saarland
SH	Landesbehörden von Schleswig-Holstein
THL	Landesbehörden von Thüringen
THW	Technisches Hilfswerk
X	NATO-Hauptquartiere in Deutschland
Y	Bundeswehr

Warum hat die Bundeskanzlerin eine 2 auf dem Nummernschild?

In Deutschland ist die Bundeskanzlerin die Chefin der Regierung. Das bedeutet, sie entscheidet über die Richtung der Politik. Aber über ihr steht eigentlich noch ein anderer Politiker: der Bundespräsident. Er ist das offizielle Staatsoberhaupt Deutschlands. Vermutlich hat er deshalb eine 1 auf dem Nummernschild und die Bundeskanzlerin „nur" eine 2. Trotzdem hat sie mehr Macht, denn der Bundespräsident erfüllt vor allem repräsentative Aufgaben. Das heißt, er empfängt zum Beispiel Staatsgäste aus anderen Ländern.

Die Fahrzeuge der Bundeswehr haben ein Y und die deutsche Flagge auf dem Autokennzeichen; ein Y deshalb, weil keine deutsche Stadt mit diesem Buchstaben beginnt.

ÖSTERREICH

Sterne der Europä-
ischen Union (EU)

Länderkennzeichen
von Österreich

Wappen eines der neun Bundesländer,
in dem das Auto angemeldet wurde

W 7358 BK

Ein oder zwei Buchstaben geben Auskunft
darüber, aus welchem Bezirk das Auto kommt.
Insgesamt gibt es 102 solcher Bezirke.

Eine höchstens sechsstellige Kombination aus
Zahlen und Buchstaben. Je größer der Ort,
desto mehr Zeichen stehen hier.

AM Amstetten	**BL** Bruck an der Leitha	**BR** Braunau am Inn
B Bregenz	**BM** Bruck an der Mur	**BZ** Bludenz
BA Bad Aussee	**BN** Baden	**DL** Deutschlandsberg
		DO Dornbirn
		E Eisenstadt
		EF Eferding
		EU Eisenstadt-Umgebung

Österreich hat
jede Menge Skipisten.
So wie St. Christoph am
Arlberg sind die in den Bergen gelegenen Dörfer
im Winter mit Schnee bedeckt.

111

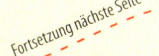
Fortsetzung nächste Seite

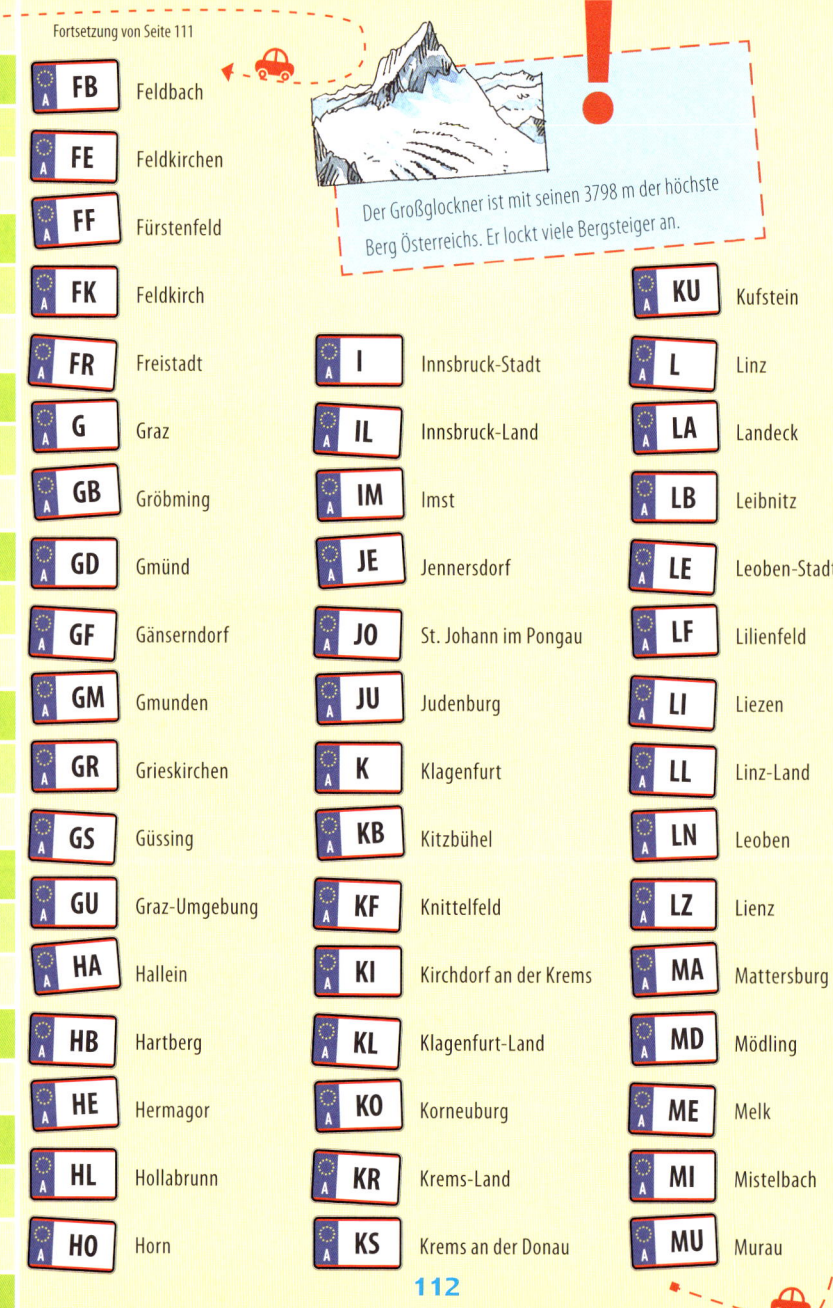

Der Großglockner ist mit seinen 3798 m der höchste Berg Österreichs. Er lockt viele Bergsteiger an.

FB	Feldbach	
FE	Feldkirchen	
FF	Fürstenfeld	
FK	Feldkirch	
FR	Freistadt	
G	Graz	
GB	Gröbming	
GD	Gmünd	
GF	Gänserndorf	
GM	Gmunden	
GR	Grieskirchen	
GS	Güssing	
GU	Graz-Umgebung	
HA	Hallein	
HB	Hartberg	
HE	Hermagor	
HL	Hollabrunn	
HO	Horn	

I	Innsbruck-Stadt
IL	Innsbruck-Land
IM	Imst
JE	Jennersdorf
JO	St. Johann im Pongau
JU	Judenburg
K	Klagenfurt
KB	Kitzbühel
KF	Knittelfeld
KI	Kirchdorf an der Krems
KL	Klagenfurt-Land
KO	Korneuburg
KR	Krems-Land
KS	Krems an der Donau

KU	Kufstein
L	Linz
LA	Landeck
LB	Leibnitz
LE	Leoben-Stadt
LF	Lilienfeld
LI	Liezen
LL	Linz-Land
LN	Leoben
LZ	Lienz
MA	Mattersburg
MD	Mödling
ME	Melk
MI	Mistelbach
MU	Murau

112

MZ	Mürzzuschlag	**SR**	Steyr-Stadt	**WE**	Wels-Stadt
ND	Neusiedl am See	**SV**	St. Veit an der Glan	**WL**	Wels-Land
NK	Neunkirchen	**SW**	Schwechat	**WN**	Wiener Neustadt-Stadt
OP	Oberpullendorf	**SZ**	Schwaz	**WO**	Wolfsberg
OW	Oberwart	**TA**	Tamsweg	**WT**	Waidhofen an der Thaya
P	St. Pölten-Stadt	**TU**	Tulln	**WU**	Wien-Umgebung
PE	Perg	**UU**	Urfahr-Umgebung	**WY**	Waidhofen an der Ibbs
PL	St. Pölten-Land	**VB**	Vöcklabruck	**WZ**	Weiz
RA	Radkersburg	**VI**	Villach-Stadt	**ZE**	Zell am See
RE	Reutte	**VK**	Völkermarkt	**ZT**	Zwettl
RI	Ried im Innkreis	**VL**	Villach-Land		
RO	Rohrbach	**VO**	Voitsberg		
S	Salzburg-Stadt	**W**	Wien-Stadt		
SB	Scheibbs	**WB**	Wiener Neustadt-Land		
SD	Schärding				
SE	Steyr-Land				
SL	Salzburg-Land				
SP	Spittal an der Drau				

Das Hundertwasserhaus in Wien ist verspielt und bunt. Der österreichische Künstler Friedensreich Hundertwasser (1928–2000) mochte keine geraden Linien, da sie in der Natur nicht vorkommen.

CH — SCHWEIZ

Ein weißes Kreuz auf rotem Untergrund: das Wappen der Schweiz

Ein bis sechs Ziffern

 **ZH 642 902**

Zwei Buchstaben geben den Kanton an. 26 Kantone ergeben 26 Kennzeichen.

Wappen des Kantons, in dem das Auto angemeldet wurde

 AG Aargau

 AI Appenzell Innerrhoden

 AR Appenzell Ausserrhoden

 BE Bern (Berne)

 BL Basel-Landschaft

 BS Basel-Stadt

Das Emmental liegt im Kanton Bern. Aus dieser Gegend kommt der Käse mit den großen Löchern, der Emmentaler.

FR Freiburg (Fribourg)

GE Genf (Genève)

GL Glarus

GR Graubünden (Grigioni)

JU Jura

LU Luzern

Das Matterhorn ist mit einer stattlichen Höhe von 4478 m der bekannteste Berg der Schweiz. Ein Teil des Berges gehört schon zu Italien.

Das bis zu 5 m lange Alphorn nutzten Almbauern aus den Alpen früher, um sich über weite Entfernungen miteinander zu verständigen. Es ist das Nationalsymbol der Schweiz.

NE Neuenburg (Neuchâtel)

NW Nidwalden

OW Obwalden

SG St. Gallen

SH Schaffhausen

SO Solothurn

SZ Schwyz

TG Thurgau

TI Tessin (Ticino)

UR Uri

VD Waadt (Vaud)

VS Wallis (Valais)

ZG Zug

ZH Zürich

Schon seit mehr als 400 Jahren werden in der Schweiz Uhren produziert. In den Kantonen Genf, Neuenburg und Bern haben die bekanntesten Uhrenhersteller ihren Sitz.

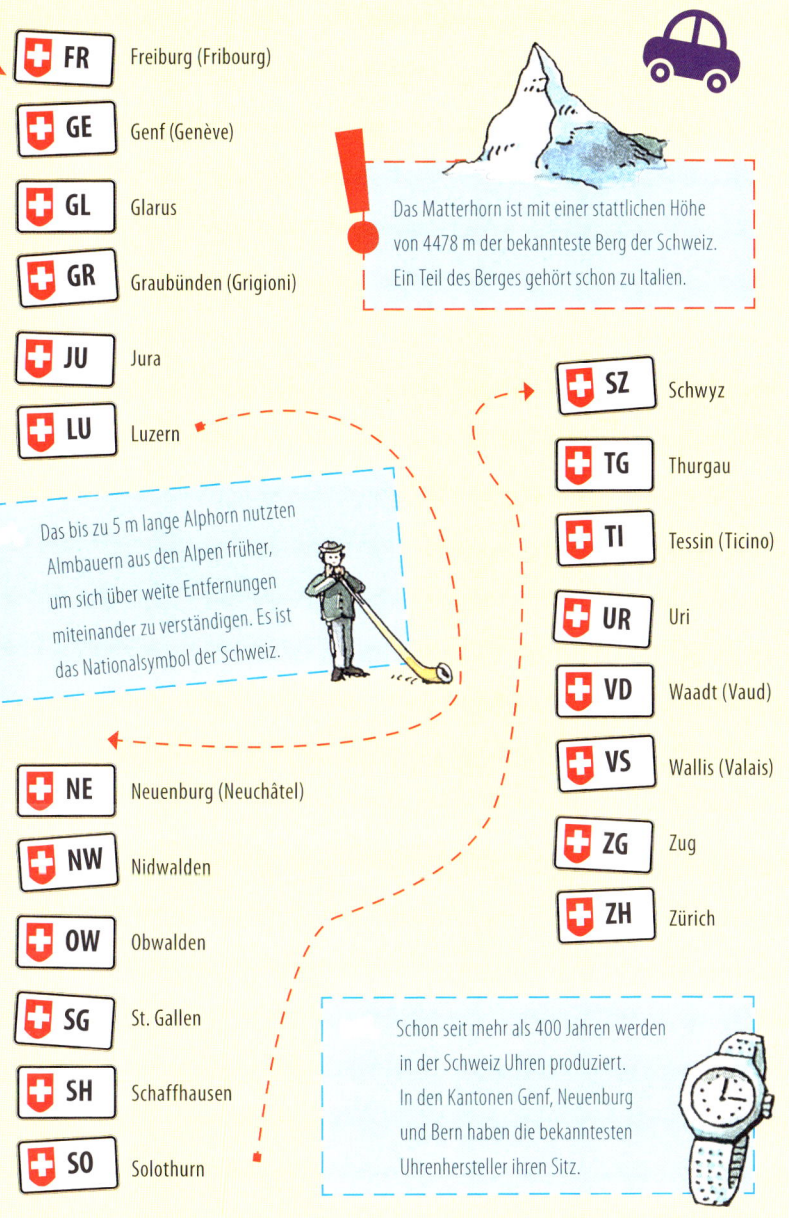

EUROPA

A

Land: **Österreich**
Hauptstadt: **Wien**
Einwohner: **8,4 Mio.**

Belgien ist berühmt für seine leckeren Pralinen. Viele Belgier essen aber auch gerne etwas Salziges: Pommes! Die Belgier gelten als Erfinder der knusprigen Köstlichkeit.

AL

Land: **Albanien**
Hauptstadt: **Tirana**
Einwohner: **3,2 Mio.**

AND

Land: **Andorra**
Hauptstadt: **Andorra la Vella**
Einwohner: **75 000**

B

Land: **Belgien**
Hauptstadt: **Brüssel**
Einwohner: **10,5 Mio.**

BG

Land: **Bulgarien**
Hauptstadt: **Sofia**
Einwohner: **7,6 Mio.**

BIH

Land: **Bosnien und Herzegowina**
Hauptstadt: **Sarajevo**
Einwohner: **3,9 Mio.**

BY

Land: **Weißrussland (Belarus)**
Hauptstadt: **Minsk**
Einwohner: **9,6 Mio.**

Wo liegt das Tal der Rosen?
Fast in der Mitte von Bulgarien, bei
der Stadt Kazanlak, gibt es ein Tal, da
riecht es wie im Märchen. Wohin du
auch blickst: Überall stehen duftende
Rosensträucher. Aus den Rosenblü-
ten wird Rosenöl gewonnen. Man
verwendet es zum Beispiel als Zutat
für Marzipan. Wusstest du, dass echtes
Rosenöl teurer als Gold ist?

CH

Land: **Schweiz**
Hauptstadt: **Bern**
Einwohner: **7,5 Mio.**

CY

Land: **Zypern**
Hauptstadt: **Nikosia**
Einwohner: **864 000**

Zypern, die östlichste Insel im
Mittelmeer, hat einen türkischen
und einen griechischen Teil.

CZ

Land: **Tschechische Republik**
Hauptstadt: **Prag**
Einwohner: **10,2 Mio.**

EUROPA

D

Land: **Deutschland**
Hauptstadt: **Berlin**
Einwohner: **82,5 Mio.**

DK

Land: **Dänemark**
Hauptstadt: **Kopenhagen**
Einwohner: **5,5 Mio.**

E

Land: **Spanien**
Hauptstadt: **Madrid**
Einwohner: **44,6 Mio.**

EST

Land: **Estland**
Hauptstadt: **Tallinn**
Einwohner: **1,3 Mio.**

EUR

Land: **Europäische Kommission**
Sitz: **Brüssel**
Einwohner der EU: **rund 500 Mio.**

Großbritannien ist die größte Insel Europas. Das Land liegt im Atlantischen Ozean.

Im Süden Spaniens, in Andalusien, tanzt man Flamenco. Die Tänzerin wird von Gitarrenmusik begleitet und die Zuschauer klatschen im Takt der Musik.

118

F

Land: **Frankreich**
Hauptstadt: **Paris**
Einwohner: **61,9 Mio.**

FIN

Land: **Finnland**
Hauptstadt: **Helsinki**
Einwohner: **5,3 Mio.**

FL

Land: **Liechtenstein**
Hauptstadt: **Vaduz**
Einwohner: **36 000**

GB

Land: **Großbritannien
und Nordirland**
Hauptstadt: **London**
Einwohner: **61 Mio.**

GR

Land: **Griechenland**
Hauptstadt: **Athen**
Einwohner: **11,2 Mio.**

Welches finnische Wort ist weltweit bekannt?

Wusstest du, dass die Sauna aus Finnland kommt? „Sauna" ist sogar ein finnisches Wort! Beim Saunieren geht man in einen kleinen, sehr heißen Raum. Dort macht man Aufgüsse, indem man Wasser auf einen heißen Stein gießt. Regelmäßiges Saunieren schützt zum Beispiel vor Erkältungen.

D
E
F
G

EUROPA

 **H**

Land: **Ungarn**
Hauptstadt: **Budapest**
Einwohner: **10 Mio.**

 **HR**

Land: **Kroatien**
Hauptstadt: **Zagreb**
Einwohner: **4,6 Mio.**

I

Land: **Italien**
Hauptstadt: **Rom**
Einwohner: **58,9 Mio.**

 IRL

Land: **Irland**
Hauptstadt: **Dublin**
Einwohner: **4,4 Mio.**

 **IS**

Land: **Island**
Hauptstadt: **Reykjavík**
Einwohner: **303 000**

Das Kolosseum in Rom, der Hauptstadt Italiens, war einst das größte Theater der Welt. Es wurde in der Antike errichtet, um Gladiatoren- kämpfe und Wagenrennen zu veranstalten.

In welchem Land schießt heißes Wasser aus der Erde?

Kein Land hat so viele heiße Quellen wie Island. Einige von ihnen brechen alle paar Stunden als Geysire aus. Dann schießt heißer Wasserdampf mehrere Meter weit in die Luft. Man nennt Island auch Land aus Feuer und Eis. Island ist eine Insel voller aktiver Vulkane, mächtiger Gletscher und rauschender Wasserfälle.

L

Land: **Luxemburg**
Hauptstadt: **Luxemburg**
Einwohner: **472 000**

LT

Land: **Litauen**
Hauptstadt: **Vilnius**
Einwohner: **3,4 Mio.**

LV

Land: **Lettland**
Hauptstadt: **Riga**
Einwohner: **2,3 Mio.**

M

Land: **Malta**
Hauptstadt: **Valletta**
Einwohner: **408 000**

MC

Land: **Monaco**
Hauptstadt: **Monaco**
Einwohner: **33 000**

> ! In Monaco leben besonders viele Menschen auf kleinstem Raum. Der Stadtstaat hat die höchste Bevölkerungsdichte der Welt.

EUROPA

Als nördlichster Punkt Europas gilt das Nordkap. Es liegt im äußersten Norden Norwegens auf einer kleinen Insel.

MD

Land: **Moldawien**
Hauptstadt: **Chișinău**
Einwohner: **3,8 Mio.**

MK

Land: **Mazedonien**
Hauptstadt: **Skopje**
Einwohner: **2 Mio.**

MNE

Land: **Montenegro**
Hauptstadt: **Podgorica**
Einwohner: **598 000**

N

Land: **Norwegen**
Hauptstadt: **Oslo**
Einwohner: **4,7 Mio.**

NL

Land: **Niederlande**
Hauptstadt: **Amsterdam**
Einwohner: **16,5 Mio.**

In Portugal leben viele Menschen von der Fischerei. Am beliebtesten ist der Stockfisch. Das ist getrockneter Kabeljau, der für verschiedene Gerichte gebacken oder gekocht wird.

M
N
O
P
Q
R

P

Land: **Portugal**
Hauptstadt: **Lissabon**
Einwohner: **10,7 Mio.**

PL

Land: **Polen**
Hauptstadt: **Warschau**
Einwohner: **38 Mio.**

RKS

Land: **Kosovo**
Hauptstadt: **Priština**
Einwohner: **2,1 Mio.**

RO

Land: **Rumänien**
Hauptstadt: **Bukarest**
Einwohner: **21,3 Mio.**

RSM

Land: **San Marino**
Hauptstadt: **San Marino**
Einwohner: **31 000**

Wo lebte Graf Dracula?
In der Mitte Rumäniens liegt
Transsilvanien. Die Gegend ist auch
als Siebenbürgen bekannt. Hier soll
im 15. Jahrhundert Graf Dracula
gelebt haben. Nachts wurde er zum
Vampir und flog aus, um schlafenden
Menschen Blut abzuzapfen. Diese
verwandelten sich dann bei Vollmond
ebenfalls in Vampire. Ob diese Legen-
de wohl wahr ist?

M
N
O
P
Q
R

EUROPA

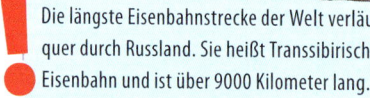

RUS
Land: **Russland**
Hauptstadt: **Moskau**
Einwohner: **141,8 Mio.**

Die längste Eisenbahnstrecke der Welt verläuft quer durch Russland. Sie heißt Transsibirische Eisenbahn und ist über 9000 Kilometer lang.

S
Land: **Schweden**
Hauptstadt: **Stockholm**
Einwohner: **9,2 Mio.**

SK
Land: **Slowakei**
Hauptstadt: **Bratislava**
Einwohner: **5,4 Mio.**

SLO
Land: **Slowenien**
Hauptstadt: **Ljubljana**
Einwohner: **2 Mio.**

SRB
Land: **Serbien**
Hauptstadt: **Belgrad**
Einwohner: **7,4 Mio.**

Inmitten der italienischen Hauptstadt Rom liegt der kleinste Staat der Welt, der Vatikan. Hier ist der Papst das Staatsoberhaupt.

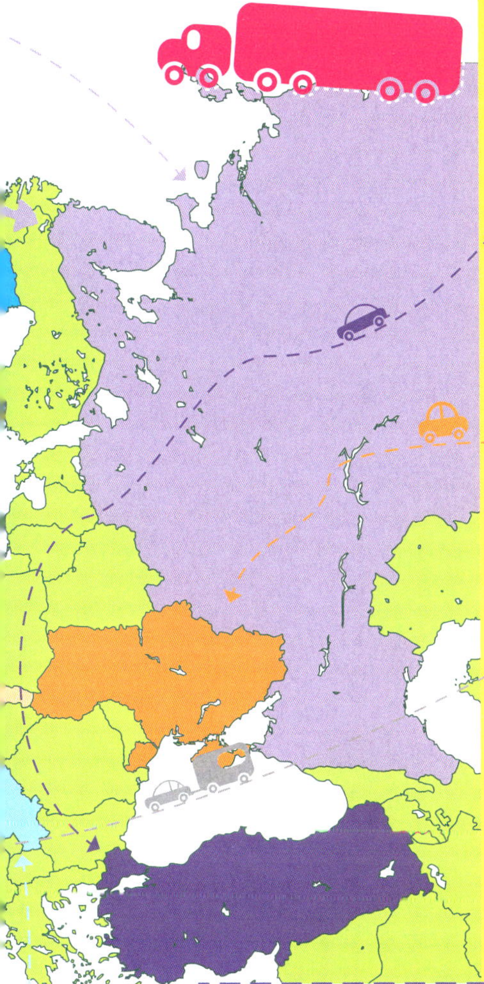

TR

Land: **Türkei**
Hauptstadt: **Ankara**
Einwohner: **75,8 Mio.**

UA

Land: **Ukraine**
Hauptstadt: **Kiew**
Einwohner: **46 Mio.**

V

Land: **Vatikanstadt**
Hauptstadt: **Vatikanstadt**
Einwohner: **1000**

Welche Stadt liegt auf zwei Kontinenten?
Eine sehr alte Stadt in der Türkei heißt Istanbul. Als einzige
Großstadt der Welt liegt Istanbul auf zwei Kontinenten. Die
Meerenge Bosporus trennt den europäischen Teil vom asiati-
schen. Mit der Fähre kannst du von einem Kontinent zum an-
deren fahren. Die Aussicht auf den Bosporus ist fantastisch!
Für den Autoverkehr gibt es zwei riesige Hängebrücken.

R
S
T
U
V
W
XY
Z

Abbildungsnachweis

Lösungshinweis

Auflösung des Sudokus von Seite 91

4	2	6	9	5	8	3	7	1
8	9	1	3	4	7	2	6	5
7	5	3	1	6	2	4	8	9
2	8	7	5	9	4	6	1	3
6	3	5	7	2	1	9	4	8
9	1	4	8	3	6	5	2	7
1	4	9	6	8	5	7	3	2
5	6	8	2	7	3	1	9	4
3	7	2	4	1	9	8	5	6